AF452179

CHARLES MORICE

DU

SENS RELIGIEUX

DE LA POÉSIE

Sur le mot Poésie.
Le principe social de la Beauté.

GENÈVE	PARIS
EGGIMANN, ÉDITEUR	VANIER, ÉDITEUR
Rue du Rhône, 25	Quai St-Michel, 19

1893

CHARLES MORICE

DU

SENS RELIGIEUX

DE LA POÉSIE

Sur le mot Poésie.
Le principe social de la Beauté.

GENÈVE	PARIS
EGGIMANN, ÉDITEUR	VANIER, ÉDITEUR
Rue du Rhône, 25	Quai St-Michel, 19

1893

DU

SENS RELIGIEUX

DE LA

POÉSIE

CHARLES MORICE

DU

SENS RELIGIEUX

DE LA POÉSIE

Sur le mot Poésie.
Le principe social de la Beauté.

GENÈVE

EGGIMANN, ÉDITEUR
Rue du Rhône, 25

PARIS

VANIER, ÉDITEUR
Quai St-Michel, 19

1893

Les deux conférences qui composent cette publication ont été données à Genève, dans la grande salle de l'Université, les 4 et 5 novembre 1892.

AVERTISSEMENT

*En publiant, sur de bienveillantes ins-
tances, ces deux discours d'art et de philosophie, je dois prier le public d'avoir égard
aux impérieuses exigences de la forme ora-
toire.*

*Un écrivain a le droit de compter sur la
patience de son lecteur, d'interroger sa mémoire, de lui demander, en quelque sorte, une
part de collaboration, — surtout le devoir
d'ordonner son œuvre avec rigueur, de
poursuivre aussi loin, aussi profondément
qu'il pourra, ses pensées dans leurs origines
et leurs conséquences. Mais l'auditeur n'a*

pas le loisir de se faire répéter une phrase trop compliquée pour être vite entendue; sa bibliothèque n'est pas là pour lui offrir les vers de tel poète que l'orateur invoque. Peut-être, avec le temps, les pensées parlées germeront dans son esprit : pour l'heure, il veut entendre et voir clairement et instantanément. La concision didactique lui serait peu profitable. Il faut des redites à la mémoire que paralyse souvent l'effort de l'intelligence, et c'est le sentiment qui écoute, plutôt que la raison.

Il serait donc injuste, Lecteur, de juger sévèrement ces discours comme vous pourriez faire d'un traité. Et si vous me dites : Pourquoi, dès lors, les publier? — voici mes motifs.

On a tâché de réunir dans ces quelques pages les principales préoccupations qui sont les facteurs du vaste problème esthétique. C'est comme un sommaire libre, et qui perd peut-être, grâce à quelques artifices de rhétorique, la dangereuse sécheresse d'une énumération.

Que s'il y perd aussi la désirable précision de l'enchaînement et de la démonstration, je pense, par des commentaires esthétiques déjà parus ou encore à paraître, réparer ce tort et donner aux principes ici seulement indiqués tous les développements essentiels. — Heureux si j'ai le temps d'accomplir cet austère monument spirituel sans faillir, d'autre part, au devoir d'achever l'œuvre poétique dès longtemps rêvée, promise...

Le titre de la présente publication en dit l'esprit essentiel : il affirme ce sens religieux, ou idéaliste, ou mystique — ainsi qu'il vous est loisible de choisir — de l'Art à toutes ses époques de vitalité vraie : d'où vous conclûrez que la poésie contemporaine a reconquis tous droits à la gloire depuis qu'elle s'est relevée jusqu'au rêve de l'infini. Car voilà le mysticisme réel : c'est LE RÊVE DE L'INFINI, — et je crois utile de le rappeler puisque des écrivains de rare valeur l'ont oublié, M. J.-K. Huysmans, principalement, qui, dans la préface d'un livre récent[1], *réclame le mot Mysticisme pour la seule tradition catholique et raille les tendances mystiques de la jeunesse littéraire. Je répondrai : Pourquoi vous réduire à ne voir que la poussière vile soulevée par un noble mouvement? Vous parlez comme il faut des ordurières tentatives d'un M. Béraud ou d'un M. Grandmougin : mais un peintre comme Eugène Carrière n'est-il pas*

[1] *Le Latin mystique,* par R. de Gourmont.

religieux? un poète comme Stéphane Mallarmé n'est-il pas idéaliste? n'ont-ils pas tous deux — pour les nommer seuls — le sentiment mystique de la vie, si vénérable dans ses mystérieuses relations avec ce qui est hors de l'espace et du temps? Et même! n'ont-elles rien de significatif, les ordurières tentatives?...

C'est donc à titre exceptionnel que ces conférences sont publiées. Des « traités » spéciaux viendront les fortifier : elles seront vérifiées en des « études » spéciales d'hommes et d'œuvres et en des conférences nouvelles sur les points où la parole peut être utile. — Ce n'est ici, je le répète, qu'un commentaire large et plein de sous-entendus. Tel quel, il aura l'avantage d'une sorte de résumé philosophique et qui ne surcharge point l'esprit de plus de matières qu'il n'en peut recevoir en deux heures d'attention.

Et merci à Genève! Je suis heureux d'avoir obtenu, pour les idées que j'aime, l'assentiment d'un public nombreux et grave dans cette ville d'intelligence et de liberté.

Ch. M.

Sur le mot Poésie

Mesdames, Messieurs.

Il est, dit-on, dangereux pour un poète de disserter sur la poésie. Chacun croit bien savoir tous les sens de ce vieux mot et le chanteur qui prétend l'expliquer risque de prendre l'attitude vaine d'un pédant un peu en retard. « Chantez donc! » est-on tenté de lui dire, « chantez-nous votre chanson, au lieu de vous perdre en subtiles théories. »

Pourtant le sujet est grave. Le mot *poésie* enferme tant de mondes dans ses

brèves syllabes, il projette si vivement
l'homme dans l'infini, que le songeur, en
le prononçant, voit rayonner autour de sa
songerie mille routes qui toutes le tentent,
mais dont plus d'une est dangereuse, et
il ne croit pas inutile de dire à quel signe
on peut discerner les bonnes des mau-
vaises routes. Il faut, à cette entreprise,
un peu de bravoure; mais je parle dans
un pays d'intelligence, à des âmes élargies
par la familiarité perpétuelle d'une nature
grandiose, de ces sublimes Alpes où
n'habitent que de pures pensées. Il me
plaît d'affirmer ici mes certitudes, il me
plaît d'espérer que d'ici, par vous, elles
pourront rayonner. Vous sentirez bien
que je vous apporte l'expression de
croyances vraies, pour ainsi dire mon
motif de vivre, et il suffira de mes convic-
tions et de votre bienveillance pour créer
l'atmosphère essentielle à des spécula-
tions vérifiées par des œuvres.

Nous aurons à chercher ensemble quelles fatalités conduisent le poète, de notre temps, à plus ou moins longuement ratiociner sur les secrets de son art, à confier à sa raison le soin de décider à quelle heure de la vie l'imagination, bien lestée de science et de prudence, pourra ouvrir enfin ses ailes toutes grandes. Ces fatalités, disons-le tout de suite, un mot les résume : l'esprit critique. Nous en verrons, dans une très sommaire histoire de la poésie, la naissance et les développements. Or, l'esprit critique n'est pas la part exclusive de l'artiste : il hante aujourd'hui et tyrannise quiconque pense. Son influence est devenue si générale qu'il a cessé, ou peu s'en faut, d'être, dans l'univers intellectuel où nous vivons, le principe de la fonction spéciale qu'autrefois on dénommait la Critique. Depuis que tout le monde s'en mêle, c'est une profession qui tend à disparaître : car à propos d'art, et d'art littéraire surtout,

chacun se réserve le droit de juger en
dernier ressort. Parce que les mots appartiennent à tous, tous estiment justement
apprécier le choix qu'en a fait le poète.
C'est le tort principal de la poésie, de n'a-
voir pas d'expression occulte, — du moins
apparemment. Les informations du repor-
tage et les calembours de la chronique, la
perpétuelle faute d'orthographe du jour-
nal, ont perverti le goût, créé ce fameux
style courant, *coulant,* auquel on n'est que
trop tenté de rapporter, comme à une
commune mesure, toute œuvre écrite. La
combinaison détestable de ce faux style
(victorieusement et définitivement promu
au titre de terme universel de comparaison) et de l'esprit critique, pourtant, qui
ne perd rien de ses prétentions, a engen-
dré la funeste habitude de ne jamais entrer dans une œuvre d'art avec le soin de
dépouiller tout souvenir afin de rester
dans la justice. On se sert de Victor Hugo
pour tuer Lamartine, de Musset pour
assommer Baudelaire, oubliant ce conseil

de Musset lui-même qui répondait à cette
question : Qu'est-ce que la poésie? que
faut-il faire pour mériter le nom de poète :

Chasser tout souvenir et fixer la pensée.

Chasser tout souvenir, sans pourtant
déchoir du rang où nous élève la fréquen-
tation des belles œuvres, voilà le difficile
procès de l'éducation artistique, et dans
la lassitude d'un effort dont tous n'aper-
çoivent pas le but immédiat, il est arrivé
que plus d'un ait pris en dégoût l'art lui-
même. Ce n'est pas tant de trop raisonner
qu'on reproche au poète doué d'esprit critique. Dans bien des sourires de sceptique ironie, plus d'un de nous a pu dé-
mêler un peu de pitié pour ces vains
jongleurs de mots, les poètes, qui ne
concourent guère, croit-on! au progrès
du monde.

C'est pourquoi il convient que l'un d'eux,
sans prétention ni personnelle, ni d'école,
sans descendre à discuter ces pitiés et ces

ironies, rappelle à la vérité les âmes de
bonne foi par une nette, précise et pourtant large définition de la poésie. Et peut-
être parviendrai-je à vous montrer, bien
loin que son rôle se réduise à quelque
secondaire emploi de gracieuse inutilité,
que la poésie détient la principale force et
la plus précieuse richesse de l'humanité
moderne.

*La poésie est, par la beauté, l'expression
humaine de la notion divine.*

Chacune de nos œuvres, chacun de nos
actes est une expression de notre humanité. Mais d'une part — et pour noter
tout de suite les plus évidentes différences
— tandis que l'industrie, par exemple, ou
même la science exprime l'homme dans
un but et par des moyens d'utilité immédiate et d'investigations successives, la
poésie l'exprime dans un but et par des
moyens d'inutilité apparente et de satisfaction absolue. D'autre part, l'expression
industrielle ou scientifique est vérifiable

parce qu'elle est limitée, parce qu'elle
s'adresse au raisonnement : l'expression
poétique, sans désintéresser la raison,
s'adresse au sentiment surtout, garde du
vague à cause de l'infini de son domaine,
qui est le parfait ou le divin, et à cause
aussi des variations individuelles de ses
procédés qui sont souples, subtils et chan-
geants comme l'âme même de l'artiste et
sa compréhension personnelle de la beauté.

La poésie est une expression individuelle orientée vers l'absolu. La poésie est,
par la beauté, l'expression humaine de
la notion divine.

Le savant n'a pas de style. Au delà des
combinaisons du chimiste et des équa-
tions de l'algébriste, nous ne pressentons
point une psychologie qui nous émeuve.
C'est à la raison froide, à la raison seule
et universelle que se dédient leurs efforts.
Les savants nous apparaissent volontiers tels que de nobles et taciturnes chercheurs enregistrant dans un livre commun les résultats définitifs de leur com-

munes recherches. La langue qu'ils
parlent évite à la fois la grâce et la passion : qui songerait à s'imaginer l'homme
dans le savant ? Il est très naturel au
contraire qu'une mélodie ou un poème
évoque en nous une image de l'artiste, et
que nous croyions trouver dans le visage
que notre imagination lui prête les traces
des passions qu'il nous suggère. Si sur ce
point nous nous trompons souvent, si
nous sommes souvent obligés de constater un étrange écart entre l'homme tel
que nous l'avions supposé et celui qu'un
hasard de la vie nous laisse voir, ne nous
hâtons pas de dire que le poète ne res-
semble pas à son œuvre ; songeons plutôt
que, dans l'opération de notre imagination
émue par l'œuvre, intervient un grave élément de déformation : notre propre personnalité. Entre la sensation du poète et
la nôtre, l'œuvre qui résulte de la première et cause la seconde prend les
aspects de la vie elle-même, et nous en
subissons le contre-coup selon une façon

à nous de ressentir pour notre propre compte les sentiments dont le poète a souffert ou joui et qu'il exprime selon la sincérité ds sa nature. Il n'y a pas de doubles : l'opération de notre esprit ne peut donc être rigoureusement identique avec celle du poète. Mais il n'y a pas d'écart entre l'auteur et son œuvre si elle est bonne, puisque l'œuvre exprime l'auteur, puisque tout bon artiste ne fait jamais que son propre portrait.

Voilà pourquoi Corot et Courbet peuvent peindre le même paysage à la même heure sans que leurs œuvres aient entre elles rien de commun que le thème divin fourni par la nature. Et ce thème peut-être, ne le reconnaîtrez-vous pas aisément dans la vision des deux grands artistes. Voilà pourquoi La Fontaine imite tous les anciens sans en rappeler aucun. Voilà pourquoi Lamartine, Baudelaire et Verlaine, tous trois mystiques et mystiques chrétiens, semblent écrire en des idiomes différents.

La poésie est une expression individuelle de l'humanité.

Mais j'ai parlé de notion divine.

Comment faire l'accord entre ces mots :
notion divine et *notion humaine*, d'une
part, et, d'autre part, entre cette double
notion et l'affirmation que le poète ne fait
jamais que son propre portrait?

Par la Beauté.

Quand nous parlons de notion divine, si nous voulons l'analyser humai-
nement, c'est-à-dire sans rien scinder
du composé humain, en d'autres termes,
sans léser aucune de nos trois facultés
de raisonner, d'imaginer et de sentir,
la notion de Dieu se ramène fatalement
à un développement vers l'absolu de la
notion humaine. C'est l'histoire logique
de toutes les religions révélées, toutes
circonscrites dans l'infranchissable cer-
cle de l'anthropomorphisme, de Bouddha
à Jésus. Quand donc nous parlons d'expression humaine de la notion divine,
nous entendons une idée analogue à

celle que Shelley a radieusement ex-
primée :

O terre heureuse, réalité de ciel!

c'est-à-dire le désir invincible de tous les
penseurs émus d'amour, de beauté et de
vérité, qui rêvent d'anéantir les éléments
de haine, de laideur et d'erreur dans la
nature humaine pour la grandir jusqu'à
la perfection possible où elle pourrait
enfin réaliser son principal devoir : *qui
est d'être heureuse*. Si nous essayons de
nous élever plus haut pour élargir le sens
de ces syllabes : *notion divine*, au risque
de les laisser flotter dans un peu d'incer-
titude, nous dirons, selon la parole mira-
culeuse de Gœthe : « L'homme est le pre-
« mier entretien de la nature avec Dieu, »
le point du monde où Dieu *commence* à
prendre conscience de soi. Eh bien! ce
vivant point du monde, éperdûment dé-
sireux d'infini, n'est point satisfait des
facultés que l'évolution actuelle de la vie

lui accorde ; il conçoit ou du moins il rêve
un être qui serait à l'homme ce que
l'homme est à la brute et, en supposant
acquis le désirable développement des
spirituels et physiques sens humains, il
croit apercevoir, dans un reflet de gloire
divine, l'être inconnu dont le regard et
l'amour seraient moins limités que les
nôtres, celui pour qui la terre entière serait un spectacle en dépit de sa forme qui
nous condamne à ne jouir d'elle que par
infimes fractions. Cet être, nommez-le, si
vous voulez, *l'ange* : c'est le pressentiment
qui fait battre le plus vite le cœur humain,
c'est le découragement qui nous prend à
contempler les espaces infinis du ciel,
c'est la forme la plus haute que puisse
revêtir à notre regard l'idée de Dieu.
Quant à cette idée en elle-même, c'est le
but qui ne sera jamais atteint : pure notion métaphysique, abstraite, qui sert de
direction suprême à l'œuvre artistique
comme à l'œuvre philosophique, mais qui
en soi et par soi n'engendre ni l'image, ni

l'harmonie. Dieu? C'est le lieu métaphysique des idées...

Pour m'exprimer plus clairement, per-
mettez-moi cette explication, un peu
d'homme de lettres, mais brève : *Dieu,
c'est le mot propre*. En réalité le mot
propre n'existe pas — le mot propre,
c'est-à-dire le terme quelconque qui cor-
respondrait d'une manière adéquate avec
l'idée que nous voulons exprimer, — car
l'adéquat et l'humain sont deux notions
contraires. Pourtant nous en avons, au
moins à l'état de désir, le sentiment, —
sans quoi nous ne saurions écrire deux
phrases liées. Que de fois, écrivains de
hasard ou même de profession, il nous
arrive de chercher un mot, un certain
mot qui se dérobe et que nous poursui-
vons avec une poignante impatience, per-
suadés qu'il est le seul bon, le seul vrai,
le seul qui ne nous trahirait pas. Tout à
coup, à force de recherches, dans un dic-
tionnaire ou dans la mémoire d'un ami
nous le découvrons, ce mot unique : le

papillon se laisse prendre, — mais quoi ?
est-ce bien lui ? il n'a plus de poudre bril-
lante sur les ailes ! — Que s'est-il donc
passé ? Ce très simple phénomène : tant
que nous n'avons pas eu à fixer vivement une idée qui nous ait profondément
émus, le mot, dans le cimetière du lexi-
que, nous a paru le signe suffisant de la
chose à signifier. Mais dès qu'a vibré en
nous le besoin vital de nous exprimer,
nous avons senti l'indigence des syllabes,
et, si *le mot* s'est dérobé si longtemps, c'est
son insuffisance qu'il faut accuser plutôt
que la faiblesse de nos mémoires. Pourtant, encore inconnu, n'existant encore
qu'au futur, fictivement interposé entre
notre désir et son objet, il avait revêtu
dans le vague où il s'abritait les apparences du vrai : d'où la déception de
constater qu'il n'est décidément pas ce
que nous avions rêvé de lui, — et nous
le rejetons. Oui, mais notre peine n'est
pas perdue, car en chemin nous avons
trouvé, çà et là, de belles syllabes qui, se

résolvant en quelque belle alliance de mots, restent vibrantes du rêve que nous avions fait d'un *mot propre* imaginaire. Il n'y a peut-être que lui qui n'existe pas, mais sans le sentiment que nous avons de lui, rien n'existerait. Ainsi, pouvons-nous dire (sans oublier que l'affirmation reste réduite aux proportions d'une comparaison), ainsi de la notion divine.

Donc, la notion divine est en quelque sorte un synonyme de la notion humaine pour le poète, en ce sens que l'une et l'autre correspondent à la conception la plus élevée que l'humanité puisse avoir soit d'elle-même, soit (et tout au plus) de l'être qui lui succédera dans l'évolution ininterrompue de la vie. — Mais il ne s'agit jusqu'ici que d'idées générales : elles s'individualisent dans l'action esthétique, dans la création du poème, par l'angle spécial selon lequel chaque poète voit et conçoit la notion divine.

Cet angle spécial, c'est l'idéal personnel de beauté.

Si nombreuses que soient les discus-
sions où le désir de définir ce terme ait
jeté les esthéticiens, ils sont tous d'accord
sur cette qualité principale du beau :
l'harmonie. C'est un langage mystérieux,
langage de la lumière, de la ligne et du
son, langage inaccessible à la multitude
des vivants qui sont aveugles et sourds.
Il est dominé par des lois si sévères, si
vitales aussi, que l'artiste les subit sans
rien abdiquer de son indépendance, — car
elles sont intransgressibles à ce point
qu'elles ont choisi pour pages où s'inscrire, le cœur et le cerveau mêmes de
l'artiste. Elles ne pourraient le gêner, car
elles lui sont essentielles ; innées en lui,
du moins quant à leur ensemble originel
et qui se développera par l'éducation, elles
suivent sans rien perdre de leur rigueur, les penchants, elles satisfont les
besoins personnels de l'artiste. Ces lois
d'harmonie sont les sauvegardes qui lui
permettent — écrivain, musicien ou peintre
— de choisir le thème qui lui servira de

prétexte à s'exprimer lui-même dans sa réalité intime, dans sa sorte particulière de comprendre la notion divine et de choisir aussi librement ses moyens d'expression.

Ainsi se trouve justifiée notre définition : « La Poésie est, par la Beauté, l'expression humaine de la notion divine. »

L'alliance de la beauté et de la vérité, qui est le principe de toute la poésie moderne, est entraînée comme une conséquence nécessaire d'une telle définition. Voilà qu'apparaît essentielle dans l'œuvre d'art la part philosophique de toute conception. Mais, cette part, faut-il la laisser voir, en laisser persister des traces dans l'œuvre réalisée ? Non pas ! Non plus qu'un beau corps ne laisse voir le squelette !

C'est la pensée qu'exprime, dans son style synthétique, mon maître, le poète Stéphane Mallarmé, par cette page qu'il a bien voulu m'adresser ici, sachant de quoi je dois vous parler.

Je révère l'opinion de Poe : nul vestige d'une philosophie, l'éthique ou la métaphysique, ne transparaîtra ; j'ajoute qu'il la faut, incluse et latente. Eviter quelque réalité d'échafaudage demeuré autour de cette architecture spontanée et magique, n'y implique pas le manque de puissants calculs et subtils, mais on les ignore, eux-mêmes se font mystérieux exprès. Le chant jaillit de source innée, antérieure à un concept, si purement que refléter, au dehors, mille rhytmes d'images. Quel génie pour être un poète; quelle foudre d'instinct renfermer : simplement la vie, vierge, en sa synthèse et loin illuminant tout. L'armature intellectuelle du poème se dissimule et tient — a lieu — dans l'espace qui isole les strophes et parmi le blanc du papier : significatif silence qu'il n'est pas moins beau de composer, que les vers.

Ce silence significatif, qui est dans l'œuvre d'art la part de collaboration philosophique, indique à merveille comment

s'accomplit en effet l'équation essentielle
de l'art et de la vie. La vie aussi a son
armature intellectuelle, elle aussi est fon-
dée sur des pensées, sur des croyances :
mais sauf aux heures d'enseignement qui
sont la part artificielle bien qu'essentielle
de la vie, ces croyances directrices restent
latentes et ne viennent troubler les œuvres
ni de l'amour, ni d'aucune passion où
éclate et s'exalte l'intensité humaine. Ainsi
de la page exquise de Stéphane Mallarmé
résulterait cette formule qui dit brièvement toute la vérité et qu'il faut inscrire
dans toutes les mémoires :

$$\text{L'ART} = \text{LA VIE.}$$

Et pourtant il y faut ajouter cette obser-
vation qui transforme et grandit tout :
l'art s'élève au-dessus de la vie, car il
échappe au temps : l'œuvre d'art habite
l'éternité.

La vie de l'homme oscille entre deux
seulement des trois temps du verbe, le

futur et le passé. Il vivra et il a vécu ; à
proprement parler il ne vit pas. Le présent est pour lui un moment de raison et,
s'il prenait une réelle consistance, je crois
que nous le partagerions entre le souvenir des jours révolus et l'attente de ceux
qui ne sont pas encore, entre la crainte
ou l'espérance et le regret en pleurs ou
souriant.

*Le poète est celui pour qui le présent
existe.*

Une œuvre d'art naît à l'état de projet
dans un esprit par suite d'une certaine
vive commotion sentimentale et cérébrale.
On peut dire que l'état, où par cette
commotion a été jetée la sensibilité puis
l'intellectualité du poète, est la condition
primordiale de l'œuvre, qui n'est que l'é-
ternisation de cet état. Que l'ébauche
vienne lente ou rapide et se multiplie s'il
le faut : au terme de toutes ces transfor-
mations, sonne l'heure qui ne cessera
plus de sonner. L'œuvre faite dit : Je suis,
c'est l'éternisation d'un instant, et des

siècles n'y sauraient plus rien changer.
Elle est pour toujours au temps présent :

.... par ici vous qui voulez manger
Le lotus parfumé, c'est ici qu'on vendange
Les fruits miraculeux dont votre cœur a faim :
Venez vous enivrer de la douceur étrange
De cette après-midi qui n'aura pas de fin.

C'est une image de l'éternité réduite à
la capacité de nos conceptions, c'est de
l'éternité faite avec le temps. Un tableau,
par exemple, se livre et se révèle dans son
exécution au premier regard : le regard
même de l'artiste quand il s'empara de
son objet à l'heure de l'émotion première.
Et pour nous diriger dans l'intelligence
de l'unité de son œuvre, le peintre a
choisi un point central, la tonique d'où
tout rayonne, où tout se concentre. Sans
doute vous pourrez étudier l'œuvre à loisir et vos yeux et votre esprit scruteront
successivement tous les détails de la composition et de l'exécution, mais vous ne
les entendrez bien qu'à la condition de

revenir sans cesse au point qui les relie,
où s'accumulent les détails et qui leur
permet de produire une immédiate impression d'ensemble. *Unité, éternité* témoi-
gnent ici de l'égalité de leurs termes.

On ferait aisément des observations
analogues à propos de l'œuvre musicale.
Entre tous les poètes et plus nettement
peut-être encore que le peintre, le musicien échappe au successif. Ces douces
sinuosités que décrivent autour du thème
les variations, ces retours symphoniques,
qu'est-ce autre chose, par une sorte d'u-
nité conquise à la fois sur le temps et sur
l'espace, qu'une double et symbolique réa-
lisation du triomphe de l'infini? En dépit
des développements de l'œuvre, les minutes ne succèdent pas aux minutes, c'est
un instant unique propagé à travers l'é-
ternité, où nous introduit nécessairement
par sa nature même le son qui vit en
quelque sorte de sa mort perpétuelle, qui
vit de s'exhaler.

Jusqu'ici, devant le mot poésie je n'ai point fait de distinction entre les différents arts. En chacun d'eux, en effet, se vérifie la définition générale. Le rêve de Shakespeare et de Léonard n'est pas moins que celui de Beethoven *le rêve de l'infini*. Tous trois, dans les bornes providentielles de leurs moyens, expriment par la beauté l'âme humaine orientée vers le divin. D'ailleurs en choisissant le mot *Poésie* pour lui donner ce sens universel, je sous-entendais une distinction qu'il faut maintenant préciser entre *l'art général* — que nous nommons poésie, et la technique particulière de chaque expression artistique : les vers, la musique, la peinture....

Désormais toutefois, je me restreindrai à l'art écrit, à celui qu'on a pu par excellence désigner du terme de *poésie*. Nous y sommes amenés par ces considérations que je viens d'interrompre sur l'aspect d'éternité des diverses œuvres d'art. Vous vous demandiez peut-être comment il me serait

possible de justifier de cet aspect dans
l'art littéraire et comment, si par une
douloureuse exception cet art doit rester
limité au temps, il a pu mériter d'accapa-
rer à son bénéfice l'expression générale, *si
belle d'évoquer le sens de création.*

Voici. L'œuvre d'art doit produire une
impression d'ensemble : il faut donc que
ses dimensions matérielles ne dépassent
point les possibilités de la compréhension
humaine. C'est ainsi qu'une toile de cent
mètres de longueur sur un seul plan ne
saurait être qu'une suite d'œuvres, puisque personne (et non plus l'auteur) ne
pourrait l'embrasser d'un regard et, par
conséquent, en apprécier l'harmonie. Il en
va de même en littérature. Les longues
œuvres manquent d'unité et par conséquent, dans leur ensemble, échappent à la
poésie. « Je soutiens, disait E. Poe, qu'il
« n'existe pas de long poème, que ces
« mots « *un long poème* » sont tout sim-
« plement contradictoires dans les ter-
« mes. » Revenant sur cette pensée, il la

précise : « La dose d'émotion nécessaire
« à un poème pour justifier ce titre ne
« saurait se soutenir dans une composi-
« tion de longue haleine : au bout d'une
« demi-heure au plus, elle baisse, tombe,
« une révulsion s'opère et dès lors le
« poème, de fait, cesse d'être un poème. »
Nous pouvons nous souvenir, pour cor-
roborer l'opinion de Poe par l'histoire, que
l'Iliade et l'Odyssée datent d'une époque
postérieure à celle de leur composition,
quant à la forme arbitraire selon laquelle
ces deux œuvres nous sont présentées :
forme arbitraire, étrangère, ou peu s'en
faut, à la pensée du ou des poètes primitifs. Quant aux grands poèmes modernes,
tels que la *Divine Comédie* ou le *Paradis
perdu*, ce sont d'admirables suites de petits poèmes séparés par de longs instants
de remplissage sensibles dans l'œuvre
surtout du poète anglais. Poe estimait que
cent vers sont l'extrême limite du poème.
Peut-être peut-on supposer un peu plus
longue l'opération de mémoire essentielle

à la parfaite compréhension de l'œuvre
pour un esprit toujours gouverné par la
pensée générale et curieux aussi des
lignes arabesques dont elle s'agrémente
ou à dessein se travestit. Dans ces brèves
bornes le poème demeure un être orga-
nisé, un, et qui bénéficie, comme l'œuvre
d'art musicale, des symphoniques retours
sur le principal thème. Négligeons d'é-
tendre la discussion jusqu'au roman qu'il
serait peut-être difficile de défendre, au
point de vue idéal de l'œuvre d'art pour-
vue de sa double et nécessaire vertu *d'éternité et d'unité*. Quant au poème dramatique, il apparaît, ici, comme un triom-
phateur en qui éclate la notion réelle du
présent. Plus que toute autre œuvre d'art,
le Théâtre dit : JE SUIS. Les acteurs parlent au présent et, dans sa vie vivante, c'est
toujours au présent que l'œuvre se déroule
sous nos yeux, suite symphonique de ta-
bleaux que la logique des péripéties et du
dénouement relie avec certitude à la première scène.

On voit donc que l'art écrit, à la condition de se restreindre dans ses limites
naturelles, ne ment certes pas plus que
tout autre art aux obligations générales
de la Poésie : et ce titre, serait-ce sans
bon motif qu'on lui en eût déféré l'exclusif honneur ? Laissons, ici, cette question
sans réponse : je ne veux pas agiter une
fois de plus le sempiternel débat du mérite
comparé des arts entre eux. Vous seriez
tentés de croire à un plaidoyer un peu
intéressé pour la littérature ! Tout au plus
voudrais-je lui épargner certaine disgrâce
qui lui est personnelle.

On confond parfois son domaine avec
ceux de la morale, de la psychologie, de
l'histoire, et l'excuse de cette confusion
est sans doute dans l'outil même de la
production littéraire, l'outil matériel, la
plume, qui sert également aux économis-
tes, aux géographes, aux statisticiens et...
aux poètes ! Plusieurs, encore que l'erreur
devienne un peu caduque, se croient en
droit d'exiger du poète les déductions ou

la morale induit le moraliste. Erreur caduque, et pourtant très moderne : je ne
crois pas que jamais, au temps où floris-
sait la poésie grecque, on ait demandé à
Théocrite ce qu'il voulait prouver avec
ses *Idylles*, ni à Bion quel est le sens
social et moralisateur du *Tombeau d'A-
donis*. Il n'y a pas de place pour Ber-
quin dans la poésie grecque. Mais j'ob-
serve surtout que ce procès qu'on fait si
volontiers au poète, on l'épargne au peintre et au musicien. Pourquoi? c'est le
même art! et l'art écrit, peint ou noté, n'a
qu'un devoir, qui est aussi un droit, *c'est
d'être beau*. La beauté d'ailleurs comporte
une haute morale. Tant que Shakespeare
la domine, l'âme qu'il enchante reste fer-
mée aux basses pensées. Mais hors de
cette sorte de prédication par le fait, l'artiste doit, sans aucun souci d'application
immédiate, s'abandonner aux fantaisies
logiques de l'imagination. Allez! elle en
sait plus que la raison! la raison tâtonne
indéfiniment dans sa recherche : l'imagi-

nation voit, elle est intuitive. Elle est lumière et la lumière l'appelle, « elle est l'œil « de l'âme, » a dit Joubert, « elle est la « reine du vrai, » a dit Baudelaire, « elle « est la faculté par laquelle nous perce-« vons le divin, » a dit Carlyle. Sa fonction est de réaliser en rêve le désir de bonheur qui fait le fond de notre vie intime. Mais, du bonheur ! elle en fait avec tout, même avec la douleur, et, très sagement, même avec la folie. Sous son regard, une joie étrangement savoureuse sans cesse germe et fleurit, fût-ce au rayon du singulier soleil d'un idéal morbide et sous la pluie des larmes...

> Soit belle et soit triste : les pleurs
> Ajoutent un charme au visage
> Comme le fleuve au paysage.
> L'orage rajeunit les fleurs.

L'avoisinement idéal de la poésie écrite et de la philosophie en face de la science, qui reste nettement séparée de l'une comme de l'autre, nous expliquerait peut-être, — si l'explication *par l'outil* semblait insuffisante, — pourquoi l'esprit moderne a pris l'habitude d'exiger de la littérature plus que des autres arts, desquels il ne réclame, du moins d'abord, qu'une satisfaction de la vue et de l'ouïe.

La philosophie est plus près de la poésie que de la science. Autrefois peut-être, dans le lointain jadis d'avant les vérifications de l'expérience, ces trois entités (Poésie, Philosophie, Science) se confondaient en une rayonnante unité. A mesure que la science délimita et restreignit son domaine, on dut s'habituer à considérer comme scientifiques les seules notions précises qui comportent la preuve d'une démonstration, comme la chimie et les mathématiques. Il n'en va pas ainsi de la philosophie. Aucune preuve par 9 n'entraîne notre raison à la doctrine d'Aristote plutôt qu'à celle de Platon. C'est affaire ici d'opinion, de *sentiment*. Or ;

affaire de sentiment aussi, l'art! C'est
pourquoi une œuvre philosophique comme
Eureka est légitimement dédiée « à ceux
« qui sentent et non pas à ceux qui pen-
« sent. » — La philosophie a encore ce point
commun avec la poésie, que ni l'une ni
l'autre ne règlent la vie pratique : la
science au contraire a sa sanction dans
les corollaires de l'industrie, de l'hygiène...

Pourtant, me direz-vous, la philosophie
comme la science a pour objet la vérité :
eh bien, est-ce donc à dire que la poésie a
pour objet l'erreur? Une seule différence :
le signe de la vérité pour le philosophe
est l'évidence, pour le poète la beauté.
N'oublions pas qu'aux origines, la poésie
était l'unique interprétation des mystères
que se sont partagés la philosophie, la
poésie et la science. De l'immensité de
son ancien domaine, la grande dépouillée
a conservé le souci profond des choses de
l'infini. Comme elle dispose de la parole
et que son art est plus précis qu'aucun
autre, plus immédiatement soumis à l'o-

pération de la pensée, elle a retenu aussi la gloire de personnaliser en elle tous les efforts de l'esprit orienté vers le vrai à travers le beau. Constamment aiguillonnée du désir de ne point déchoir et sûre d'ailleurs de son propre pouvoir, elle s'est laissé dérober en souriant, à chaque perte s'enrichissant d'unité et de pureté, — sûre d'elle-même et de n'être jamais dépossédée de l'infini, puisqu'il lui reste la beauté pour le reconquérir. Aujourd'hui moins que jamais — ainsi que nous le verrons dans un second entretien — la poésie ne saurait s'abstraire du souci de la vérité.

Il est curieux de suivre dans l'ondoyante histoire des poètes leurs luttes contre le divin sphinx qui garde encore le dernier mot du secret. Poètes de pensées, poètes d'idées, poètes de sentiments, ils ont tour à tour infligé au constant idéal l'autorité changeante de leurs passionnés désirs. Il serait arbitraire d'affirmer que le sentiment régna d'abord, puis l'idée, puis la

pensée. La perpétuelle évolution de l'art
échappe aux rigueurs de tout système.
C'est une aiguille aimantée qui s'affole ou
reprend son orientation vraie pour des
motifs qui souvent restent invisibles au
regard de l'histoire. Un siècle suffit aux
plus graves changements, commence par
le sentiment, finit par la pensée; un autre
appartient à l'idée seule. C'est parfois
l'idée qui règne d'abord, puis la pensée
et, vers la fin d'une civilisation, le sentiment triomphe : Homère, Hésiode, Théocrite. Il semble pourtant que l'avenir
appartienne aux poètes de pensée, que ce
trouble siècle où nous sommes leur ait
servi d'expérience, qu'en près de cent ans
ils aient recensé avec les vieux classiques,
puis les romantiques, puis les natura-
listes, les divers moyens de traduire l'âme
humaine selon ses diverses impressions.

Comment et dans quel intérêt assigner,
dans cette grande œuvre commune, des
rangs aux poètes qui furent les précur-
seurs de l'art futur? Il est pourtant certain

que pendant le combat romantique, et tandis qu'Hugo, poète de sentiment, de geste et de verbe, agitait glorieusement les lambeaux aux belles couleurs d'un vêtement vide où il prétendait enfermer la vie humaine, la pensée pure s'est recueillie pour l'avenir dans l'œuvre moins éclatante et peut-être plus durable du poète qui célébrait avec une extraordinaire clairvoyance l'avènement de *l'esprit pur* : Alfred de Vigny. Celui-là est notre grand ancêtre. Sa pensée est désolée, manque parfois d'ampleur, non pas de profondeur, non pas de noblesse. Lui-même avouait son idéal : « un Raphaël noir, couleur « sombre, forme angélique. » Je vous rappellerai quelques vers de lui, dans cette œuvre *des Destinées* que sa mort nous livra. Vous y sentirez ce souci presque exclusif de la pensée dans l'austérité d'un art qui se refuse les fleurs de charme et de grâce.

C'est la fin du poème intitulé *La mort du Loup*. Les chasseurs ont longtemps traqué le grand loup cervier et l'ont atteint.

Percé de coups de couteau, il ferme ses
grands yeux « sans pousser un seul cri. »

J'ai reposé mon front sur mon fusil sans poudre,
Me prenant à penser, et n'ai pu me résoudre
A poursuivre la louve et ses fils, qui tous trois
Avaient voulu l'attendre, et, comme je le crois,
Sans ses deux louveteaux la belle et sombre veuve
Ne l'eût pas laissé seul subir la grande épreuve.
Mais son devoir était de les sauver, afin
De pouvoir leur apprendre à bien souffrir la faim,
A ne jamais entrer dans le pacte des villes
Que l'homme a fait avec les animaux serviles
Qui chassent devant lui, pour avoir le coucher,
Les premiers possesseurs du bois et du rocher.

Hélas! ai-je pensé, malgré ce grand nom d'hommes,
Que j'ai honte de nous, débiles que nous sommes !
Comment il faut quitter la vie et tous ses maux,
C'est vous qui le savez, sublimes animaux.
A voir ce que l'on fut sur terre et ce qu'on laisse,
Seul le silence est grand, tout le reste est faiblesse.
Ah ! je t'ai bien compris, sauvage voyageur,
Et ton dernier regard m'est allé jusqu'au cœur !
Il disait : si tu peux, fais que ton âme arrive,
A force de rester studieuse et pensive,
Jusqu'à ce haut degré de stoïque fierté
Où, naissant dans les bois, j'ai tout d'abord monté.

Gémir, prier, crier, est également lâche.
Fais énergiquement ta longue et lourde tâche
Dans la voie où le sort a voulu t'appeler.
Puis, après, comme moi, souffre et meurs, sans
[parler.

Cette beauté sévère, à peine plastique,
mais qui se souvient et s'inspire de la nature, reste isolée dans notre littérature
non pas précisément comme un but, mais
comme une précieuse indication direc-
trice. L'effort direct vers la pensée ne sera
plus l'emploi principal de la vertu poétique, mais la pensée ne sera plus oubliée.
Banville dans son livre *Les Exilés*, Baudelaire dans *Les Fleurs du Mal*, aussi loin
que possible l'un de l'autre, l'un plus
pictural, l'autre plus musical, se rencon-
trent dans le souci d'une psychologie, lyrique et joyeuse chez celui-là, douloureuse
jusqu'au tragique chez celui-ci. Ecoutez
pourtant chez Baudelaire la douleur s'a-
doucir, bien exceptionnellement, il est
vrai, et voyez comment la pensée aussi
forte, mais plus lointaine que chez Vigny,

s'enveloppe aussi de plus d'art : à ce point
qu'il est impossible de dire autrement que
par les longues et les brèves, comme une
mélopée, ces vers de Baudelaire :

Que diras-tu ce soir, pauvre âme solitaire,
Que diras-tu, mon cœur, cœur autrefois flétri,
A la très belle, à la très bonne, à la très chère
Dont le regard divin t'a soudain refleuri ?

Nous mettrons notre orgueil à chanter ses louanges.
Rien ne vaut la douceur de son autorité.
Sa chair spirituelle a le parfum des anges
Et son œil nous revêt d'un habit de clarté.

Que ce soit dans la rue et dans la multitude,
Que ce soit dans la nuit et dans la solitude,
Son fantôme dans l'air danse comme un flambeau.

Parfois il parle et dit : Je suis belle et j'ordonne
Que pour l'amour de moi vous n'aimiez que le beau.
Je suis l'ange gardien, la muse et la madone.

Ici, la pensée et le sentiment s'accom-
pagnent. Mais voici un poète plus récent,
que, pour mon compte, j'admire avec passion, Paul Verlaine.

Chez lui, la pensée ne se laisse qu'indi-
rectement voir. Le sentiment lui-même a

pris le masque de la sensation ; mais la
musique et la peinture de ses vers reconstituent, par le logique enchaînement de la
sensation au sentiment et à la pensée, tout
le composé humain. Je ne sais rien de plus
beau que ce court poème de remords et de
terreur où le souvenir, plongeant dans le
passé et tremblant de se reconnaître dans
l'avenir, éclate en prière.

Les faux beaux jours ont lui tout le jour, ma pau-
[vre âme,
Et les voici vibrer aux cuivres du couchant.
Ferme les yeux, pauvre âme, et rentre sur le champ.
Une tentation des pires : fuis l'infâme !

Ils ont lui tout le jour en longs grêlons de flamme,
Battant toute vendange aux collines, couchant
Toute moisson de la vallée et ravageant
Le ciel tout bleu, le ciel chanteur qui te réclame.

O pâlis et va-t-en lente et joignant les mains.
Si ces hiers allaient manger nos beaux demains.
Si la vieille folie était encore en route !

Ces souvenirs, va-t-il falloir les retuer ?
Un assaut furieux — le suprême sans doute...
O va prier contre l'orage, va prier !

Voilà un modèle de ce qu'on a nommé la poésie suggestive. Vous sentirez combien elle est, celle-ci, étrangère aux dangereux cousinages qui, en risquant de la mêler avec des préoccupations précises d'histoire, de morale ou de pédagogie, ont paru imposer à la littérature des devoirs contraires à sa nature. Elle dépasse l'esprit critique, dont elle n'est point du tout privée, mais qu'elle est parvenue à utiliser comme un docile serviteur.

Les heures où l'esprit critique triomphe seul sont les pires heures de l'histoire poétique, alors que le génie refrêne toute spontanéité et laisse l'œuvre d'art s'altérer sous l'action corrosive du perpétuel examen. Au commencement, quand le poète n'était vraiment que le porte-voix de l'humanité, le poète s'effaçait devant le poème, et c'était une énorme collaboration de tous où les échos d'un combat entre les hommes et les dieux venaient se briser en harmonies sur la lyre d'Homère. Alors florirent les mythes immenses des poèmes

hindous, persans et grecs, mythes qui se
répercutèrent avec des variantes dans
toutes les littératures. Alors, l'esprit critique dormait. Une préoccupation unique
possédait tous les hommes et le poème
jaillissait d'eux nécessairement dans un
double et simultané désir de conquête et
de délivrance.

Peu à peu la source des mythes se tarit.
Viennent les commentateurs, les imitateurs, les scholiastes, les grammairiens
et les sophistes. Dès l'heure de sa naissance, l'esprit critique s'empare du gou-
vernement du monde. Pourtant la poésie
n'est point morte : le poète, en tant qu'artiste personnel, est peut-être le contempo-
rain du critique. Les chanteurs populaires
que la foule choisit pour ses interprètes
et qu'elle affuble d'un nom, de quelque
sobriquet (sa signature à elle, qui est
l'inspiratrice), ces chanteurs se sont tu.
Les poètes savants commencent à parler.
Restés les héritiers de la grande voix
merveilleuse qui chanta les héroïques lé-

gendes, ils ont fait au fond de leurs âmes
un asile fastueux, en dépit d'une solitude
souvent désolée, aux dernières vibrations
des traditions antiques, qu'ils recréent
selon les préceptes éternels. Pendant ce
temps l'esprit critique a grandi. Il ne
tarde pas à pénétrer dans l'âme même du
poète et d'abord l'envahit en ennemi, lui
imposant mille paralysants scrupules et
un lourd sentiment de ses responsabilités.

Je n'ai pas à entrer dans le détail de ce
long duel de l'esprit poétique et de l'esprit
critique. Pour en prendre seulement les
deux termes extrêmes, comparez aux
rapsodies primitives, qui sont objectives
et concrètes, les plaintes, les aveux, les
confessions de la poésie moderne, qui
portent la marque indéniable d'un subjec-
tivisme exalté.

Le poète s'étudie et se raconte, voit en
soi-même un synthétique exemple de l'humanité. Sans consulter d'autres documents
que ceux de sa propre destinée, il accomplit le monument d'une œuvre personnelle

à nous tous et qui, le héros disparu, re-
deviendra en quelque sorte objective.

Toutefois, entre les mythes antiques et
l'élégie contemporaine, interviennent les
fables humaines, les grandes rêveries de
philosophie lyrique, inventées et chantées
par l'esprit moderne naissant, au lendemain crépusculaire du moyen âge. En
elles l'esprit poétique et l'esprit critique
font alliance. Elles recèlent l'avenir même
de la poésie et, je crois, le désirable avenir.
Les temps de l'ignorance et de la naïveté
sont passés. L'artiste est tenu de savoir,
de réfléchir et de prévoir. Depuis qu'il ne
peut plus compter sur l'espèce de certitude
que respire et inspire l'âme des foules, avec
laquelle jadis il collaborait, il lui faut
trouver en soi des motifs de croire, une
raison de penser qu'il ne se trompe point:
nul meilleur moyen que d'utiliser l'ennemi naguère intrus dans la maison, de
lui assigner son rôle, d'en faire un allié.
Quand il inspira au grand Goethe son
immortel *Faust*, il n'était déjà plus ado-

lescent, l'esprit critique ; il avait assez tourmenté déjà tout ce tendre et féroce moyen âge en dépit de ses naïvetés rouges et bleues ; il avait assez longtemps grimacé aux gargouilles des cathédrales et ricané dans les contes.

Chez Goethe, Méphistophélès cesse de rire.

Il s'installe dans le cœur et dans l'esprit de Faust et de là comme un témoin, comme un conseiller, comme un juge, il surveille la vie de sa victime. Car je ne pense pas que personne aujourd'hui risque l'enfantillage de prendre pour de simples diableries les sortilèges du Méphistophélès de Goethe. Il ne s'agit point là du diable des chrétiens et s'il feint encore de craindre l'eau bénite, c'est une concession du poète au symbole de la fable. Non ! Méphistophélès représente *l'esprit critique* et, par ainsi, le *Faust* fut la première en date et reste la plus poignante des œuvres poétiques vraiment modernes.

Il y a un instant (dans ce vaste poème

auquel la forme dramatique a permis de
tels développements) où le Faust rajeuni
adore la Beauté et la choisit pour guide
vers la vérité. C'est l'attitude du poète
moderne, — elle atteint son plus haut
période et sa plus grande expression en
Don Juan. Car don Juan, la figure peut-
être, parmi ces visions fantômales de la
poésie, qui reste la plus séduisante, don
Juan n'est digne du poème qu'à la condition d'être *le fils de Faust*. Si ce n'est
que le plaisir qu'il poursuit, don Juan
ne sera que proie d'opérette. Mais s'il
s'agit d'un idéal, d'un rêve d'amour et
de beauté, don Juan, comme Faust (et
plus encore que lui, puisqu'il jouit d'une
jeunesse qu'il n'eut pas besoin d'emprun-
ter), don Juan est une haute synthèse
d'humanité. Cette chasse au bonheur qui
finit toujours mal, cette ivresse du désir
que rien n'arrête, ni le crime, ni la vertu,
c'est le rêve de vivre !

C'est de cette union nécessaire de l'esprit critique et de l'esprit poétique qu'est

née la poésie nouvelle, dénommée (après avoir subi bien des étiquettes comme autant d'injures), la Poésie Symbolique.

Avant de nous expliquer brièvement sur ce mot, *le symbole*, qui a donné lieu à tant de confusions, observez que ce mouvement, qui est objectiviste, est survenu à temps pour détourner les poètes de l'aimable abus des petits égoïsmes filés en mélodieuses cadences où la poésie menaçait de s'enliser. A parler vrai, il était temps qu'on renonçât à la gracieuse friperie des regrets poétiques. Vraiment, pour ces jeux, l'heure était mal choisie et je ne crois pas qu'en ce siècle de toutes les banqueroutes, quand d'une part la multitude, trop leurrée d'un inconsistant avenir de jouissances immédiates, menace d'exiger violemment les redoutables échéances, et que d'autre part les religions elles-mêmes, ces grandes agonisantes, ne savent plus prodiguer aux vivants, pour endiguer leurs désirs, les consolations d'éternelles récompenses dont elles ont

perdu le secret, — je ne crois pas que les
poëtes, seuls dépositaires de richesses
réelles, aient le droit de s'oublier dans
l'étroite, dans la malsaine délectation de
leurs deuils intimes. Il ne s'agit certes
point de faire œuvre directement utile ou
utilitaire : l'utilité sera dans la beauté de
l'œuvre vivante et neuve qui pourra dire
à ceux qui se plaignent : Votre erreur est
de chercher hors de vous des trésors tangibles, réels, de la douteuse réalité des
pierres changées en pains. Il faudra toujours marcher en souffrant, peiner sur le
chemin et ceux qui vous disent le contraire sont des menteurs homicides. Mais
aussi la vraie vie n'est pas dans ce chemin
sanglant de notre sang, la vraie vie est
en nous. L'homme a dans ses rêves des
refuges splendides, dans son amour des
joies inépuisables. Le rêve et l'amour sont
à tous ! Quelques-uns parlent mieux que
d'autres d'amour et de rêve, — musiciens,
peintres, poëtes : — vous donc, l'humanité immense, écoutez-les ! En grandis-

sant eux-mêmes, en s'élevant toujours davantage vers un idéal que, par pitié, le sort toujours diffère, ils vous enseigneront comment on s'affranchit des accidentelles douleurs en en faisant la joie du souvenir ou l'ombre du lumineux bonheur...

Eh bien, prendre la vie et en exprimer le sens en beauté par les correspondances que les divers ordres de la nature entretiennent entre eux pour maintenir l'universelle unité, voilà la poésie symbolique. Le symbole est la fusion de notre âme avec les objets qui ont éveillé nos sentiments, en une fiction qui nous transporte hors du temps et de l'espace.

— Non pas hors de l'humanité. L'ART ÉGALE LA VIE et il n'y a point d'art sans la vie. Mais la vie ne consiste pas tout entière en ses immédiates apparences. Elle a un sens et le poéte est celui qui est chargé d'en révéler les splendeurs significatives. « *Le Poète*, dit Carlyle, *est le révélateur de l'infini.* »

L'avenir de la poésie, je le répète, me

semble donc être aux poètes de pensée
qui seront doués aussi d'une sensibilité
extrême et qui tâcheront de n'ignorer rien
des secrets de leur art. Poètes de la pensée,
qui sauront la voiler, l'embellir de vague,
et prêteront moins au raisonnement qu'au
rêve, à l'intelligence qu'au sentiment.
Alors seulement nous égalerons l'art exquis des *Poetæ Minores* de la Perse ou de
la Chine — et, d'instinct, n'est-ce pas à
l'*allusion* des Japonais que songe la *sug-
gestion* des symbolistes? *Suggérer tout
l'homme par tout l'art*, j'ai bien souvent
écrit ou dit cette formule, je n'en sais pas
de meilleure. Vous ne reprocherez donc
plus au poète ses raffinements qui sont,
au fond, pour lui, des moyens d'expression plus précise et dont nul ne songerait
à s'étonner dans une civilisation d'où l'art
ne serait pas originellement et essentiel-
lement proscrit.

Mais, de cette proscription je ne sais s'il
faut se plaindre. Le poète exilé et couronné
de lauriers, le poète triomphant dans la

vénération du monde, ce sont deux atti-
tudes, et Dante a plus grandi dans sa
douleur que Ronsard dans son officielle
gloire. Il est une notion héroïque de la
poésie : et laquelle serait plus divine que
cette sublime histoire d'Orphée enchantant
la nature et mourant déchiré par les prê-
tresses de Bacchus, laquelle serait plus
humaine — si ce n'est cette sublime histoire
de Jésus et de son entrée royale à Jérusa-
lem, puis de sa Passion et du Golgotha ?

*   *
*

Ecoutez une légende : vous la connaissez,
mais elle est belle et peut être comprise de
plus d'une façon.

Un enfant vient de naître. Une étoile
s'allume. Les bergers sont en route.
Alors des solitudes lointaines, fabuleuses
du mystérieux Orient, se mettent en
voyage vers le Nouveau-Né trois per-
sonnages sacrés, trois royaux et im-
mémoriaux vieillards. Dans leurs mains

ils portent l'un de l'or, le second de l'en-
cens et le troisième de la myrrhe. C'est le
triple don qu'ils viennent faire à l'Enfant,
le triple don de la joie, de la douleur et
de la divine intelligence.

Il faut tout cela pour faire un Dieu ; il
faut tout cela pour faire un poète.

Le poète est bien cet être, ce Jésus éter-
nellement ravi d'une vision de ciel, cet
éternel enfant à qui, quelque jour, des
puissances inconnues sont venues faire
le triple don. Ce don de la joie sans quoi
point d'idéal puisque point de désir. Ce
don de la douleur qui double le prix de
la joie et lui prête un caractère auguste.
Ce don enfin du génie et de la gloire. Il
souffrira de sa joie impossible et la réali-
sera dans son rêve par le verbe de la
parabole ou du poème ; il jouira de sa
douleur où il puisera une nouvelle intensité de vie ; et de sa joie et de sa douleur
il parviendra par la mort à la gloire —
comme Jésus, comme Orphée.

Le principe social de la Beauté.

Mesdames, Messieurs.

L'évolution est la loi du monde : tout ce qui vit se meut vers un but ignoré. C'est la loi de la société humaine comme de la nature et, dans la société comme dans la nature, l'histoire constate que, de l'état primitif et barbare à l'état de civilisation, — en dépit de souvent graves mais toujours partiels retours en arrière, cette marche est ascendante, progressive, du mal au bien, du bien au mieux. Matériellement et socialement, la vie s'améliore : scientifiquement, chaque jour apporte sa conquête et, peu à peu, la persévérante investigation des chercheurs élargit l'empire de la connaissance. Aux heures troubles ou mornes, quand ce sont les violents ou les médiocres qui semblent triompher, — toujours, en quelque lieu caché, dans des âmes inconnues mais valeureuses et fécondes, la pensée créatrice se recueille, préparant les belles revanches du lendemain. On peut dire avec assurance que dans tous les domaines de l'activité humaine la grande marche en avant ne s'est jamais interrompue. Les tergiversations mêmes de la philosophie quant à son objet propre, qui est la Vérité de Dieu, de l'Ame et du Monde, n'ont pas été sans bienfaisant résultat : elles ont affranchi l'homme, lentement et sûrement, d'anciennes servitudes et surtout elles lui ont enseigné ses propres limites. Aujourd'hui, la philosophie, penchée vers la science, attend son avenir de cette patiente collaboratrice et lui commet le soin de fonder les prémisses qui les conduiront ensemble aux conclusions générales. C'est là, certes, un progrès bien réel et qui entraîne des conséquences de sécurité sans lesquelles la désirable fleur de certitude ne saurait trouver l'atmosphère propice à son éclosion. Les systèmes continuent à ne valoir que la valeur individuelle de leurs auteurs : mais ceux-ci ont appris à connaître les bornes de leur puissance, l'imagination a fait d'utiles écoles. Des rêveuses hypothèses d'autrefois nous avons retenu ce qu'elles recelaient de lumineux et la prudente vérification moderne les a dépouillées des végétations parasites qui risquaient d'en compromettre la part de vérité.

Donc, tout se meut, tout évolue, tout progresse....

Pourtant, hier, en esquissant l'histoire de la Poésie, nous n'avons pas été conduits, à propos d'elle, à prononcer le mot de progrès. Toujours, au contraire, et partout, sous les divers visages qu'elle emprunte ainsi que de délicieux masques, nous l'avons vue immuable en sa réalité profonde, c'est-à-dire dans le sentiment de son idéal divin. Serait-ce que, seule, la poésie, dans l'immense mouvement commun des idées et des êtres, demeure condamnée à l'immobilité?

Heureuse condamnation ! Répondons hardiment : oui ! Le Progrès et l'Art sont deux notions qui s'excluent. J'ajoute que cette constance invincible, cette immobilité de l'Art est la condition essentielle de tous les progrès.

Je m'explique.

Rappelons-nous notre définition : La poésie est, par la beauté, l'expression humaine de la notion divine. Nous avons vu que ces mots : la notion divine, signifient un idéal anthropomorphique de Dieu, c'est-à-dire l'achèvement et le perfectionnement de l'homme tel que nous le connaissons : en d'autres termes, un absolu d'humanité. — Or, comment l'absolu pour-

rait-il augmenter ou diminuer? Il est! Que
lui ajouter, que lui retrancher, sans altérer sa nature? Il est!

Sa forme, toutefois, varie. A travers les
siècles et les latitudes l'absolu humain
change indéfiniment. Mais ces variations
ne constituent point du tout un progrès.
C'est le même diamant contemplé sous
ses diverses facettes dans le temps et dans
l'espace.

C'est toutefois un usage immémorial,
celui de distinguer, dans les époques de
l'art, ce qu'on nomme les grands siècles
et les siècles de décadence. Comment
concilier ces termes et les idées qu'ils
signifient avec cette affirmation : Il n'y a
pas de progrès en art?

Nous pourrions, au préalable, discuter
ce terme de décadence et refuser de le recevoir. Si nous étions obligés de choisir
entre Tite-Live et Tacite, par exemple, il
se pourrait que nous fussions plusieurs à
préférer l'historien de la décadence latine
à l'historien de la bonne époque. Je con-

nais même plus d'un excellent esprit,
dans la littérature contemporaine, qui
professe une admiration passionnée pour
l'art de ces instants crépusculaires où les
civilisations mourantes, lourdes d'œuvres
mais épuisées de sève, donnent leurs derniers efforts à des pensées compliquées
ou singulières, à des sentiments profonds
et sans naïveté. Les états simples de
l'âme sont exprimés depuis longtemps :
mais les esprits dont je parle, et qui se
recommandent de très grands poètes,
estiment qu'il y a beaucoup d'art et du
meilleur dans l'expression de ces heures
sénescentes où le regret l'emporte sur le
désir, où l'âme pleine d'expérience perce
d'un regard subtil les apparences pre-
mières de la nature et, par d'exquis artifices de rhythme et de style, évoque le
sens dernier des choses.

Mais supposons qu'une telle opinion
soit erronée, acceptons cette distinction
des époques de grandeur et des époques
de décadence de l'art. — Eh bien, nous

dit-on, elle n'est donc pas immuable, la notion d'art et de beauté, puisqu'elle subit cette variation de progrès et de regrès.

— Non pas. C'est nous qui nous élevons vers elle et puis retombons, las de l'effort, cela rhythmiquement et d'une façon très harmonieuse. Je comparerai ce perpétuel mouvement ascendant et descendant de l'esprit humain vers la beauté aux oscillations d'un pendule. Il monte, il descend, il remonte : grandeur, décadence et nouvelle grandeur. Mais les amplitudes de ses oscillations demeurent constantes et — pendule de spéciale nature — égales ! On perd, parfois, le sens de l'idéal et l'on dit alors que la notion de la beauté s'est obscurcie : ne dit-on pas aussi que le soleil se couche ?

Cette constance de la beauté en soi, ou plutôt telle que la peut concevoir l'esprit humain illuminé d'absolu, est si naturelle, si instinctive, si foncière chez tous les vrais artistes, qu'ils ont pour la plupart pris en disgrâce le mot même de progrès.

Ces habitants d'un infini qui ne saurait se déplacer ont souvent le tort de ne pas comprendre que l'humanité, dans sa vie active et pensive hors de l'art, s'efforce de rejeter une à une ses douloureuses contingences, — de ne pas comprendre qu'en s'élevant d'âge en âge vers plus de bonheur, c'est-à-dire vers plus de vérité, l'humanité s'élève aussi vers plus de beauté et tend les bras aux poètes.

L'excuse de ceux-ci, quand ils semblent parfois se refuser à l'appel de l'immense fraternité, quand avec le dédain de Baudelaire ou d'E. Poe ils traitent le progrès d' « extase de gobe-mouches, » je viens de vous la dire. Fondés, non sans un peu d'égoïsme, sur le roc de leur éternité, ils sont exposés à volontiers voir, dans l'évolution du monde, l'agitation d'un océan qui s'irrite contre son rivage mais qui ne le dépassera jamais et ne s'élève que pour retomber. Dans leur propre histoire, dans l'histoire des lettres et des arts, ils sont dès si longtemps habitués au spectacle rhythmique des symétriques retours de la pensée sur elle-même et vers tel idéal naguère renoncé!

De ces retours on pourrait, je crois, voir un éclatant exemple dans l'instant où nous sommes, dans l'actuelle et très forte régression de nombreux poètes vers le mysticisme, en plein triomphe pratique des croyances matérialistes ou positivistes. Les mystères religieux ont soudainement acquis, aux yeux des poètes et des artistes dont je parle, un irrésistible charme ; les rites et les décors du culte les passionnent: *l'artiste officie*. Les peintres — la France de Puvis de Chavannes et de ses innombrables imitateurs, après l'Angleterre de Brun Jones et de Rossetti — s'inspirent des Préraphaëlites, des Primitifs, avec prédilection. Chez nos meilleurs écrivains, quand la pensée n'est pas directement chrétienne comme chez Barbey d'Aurevilly, Villiers de l'Isle, Adam ou Paul Verlaine, elle est au moins profondément spiritualiste. Dans une récente

et retentissante enquête sur l'évolution
littéraire en France, l'adroit journaliste
qui nous a tous consultés a dû conclure
que les directions de la littérature vivante
sont presque unanimement orientées vers
l'idéalisme. Cela, au lendemain des vic-
toires du naturalisme et alors que les doctrines d'Auguste Comte, de M. Taine
et de M. Laffitte font toujours dans la
science et dans la philosophie de nouvelles recrues. — Nous verrons tout à
l'heure que ce vaste mouvement emprunte
aux circonstances un sens très grave et
très particulier. Mais n'est-il pas permis
d'en voir une correspondance exacte-
ment symétrique dans cette époque de la
Renaissance : alors qu'en plein épanouissement chrétien une soudaine récurrence
sensualiste ramena les artistes au culte
et à l'imitation de l'antiquité païenne?

Trop personnellement intéressés pour
ne pas apercevoir ces analogies, les poètes considèrent volontiers l'histoire comme
une symphonie énorme, avec son thème

principal, ses développements, ses variations, ses rappels et ses retours. Le thème principal c'est l'homme, l'homme naturel et vrai, et sur ce thème les temps et les lieux font à l'indéfini des variations. Mais ces variations, quoique bien unies entre elles, ne mènent nulle part. L'ouverture nous a aussitôt transportés dans le domaine infini où éclatera le dernier accord de l'andante final. Les poètes veulent croire que telles sont les conditions de la vie universelle, parce que telles sont les conditions de l'art universel.

En vain leur dit-on : Pourtant ! vous-mêmes, vous faites sans cesse des acquisitions nouvelles ; est-ce sans bénéfice que vous pouvez comparer vos désirs avec ceux de tant de siècles d'œuvres et de génie ? Est-ce sans bénéfice que la Chine et le Japon vous ont montré leurs merveilles, et tant de conquêtes n'ont-elles pas élargi votre empire de rêve ? — Ils répondent : La quantité n'ajoute et n'enlève rien à la qualité. C'est

plus, ce n'est pas mieux ; le degré de
l'idéal n'a pas varié. D'ailleurs l'avantage
de la multiplicité des modèles n'est pas
sans comporter des dangers. Si tout sub-
sistait sans altération ni perte, de ces
innombrables conquêtes, l'esprit humain
s'y perdrait! Le choix, c'est-à-dire le sacri-
fice, deviendrait une intolérable torture,
la vie suffirait à peine à l'admiration:
que resterait-il à la création ? Mais la
rigoureuse providence des choses a elle-
même conjuré le péril. Un siècle détruit
autant d'œuvres qu'il en apporte ; la
guerre, les révolutions, l'incendie ont pris
en pitié notre mémoire surchargée, et de
temps en temps la soulagent avec une
affreuse mais, en dernière analyse, peut-
être bienfaisante cruauté. Il est vrai que
des œuvres détruites survivent les repro-
ductions : croyez-nous, si adroites qu'elles
soient, si satisfaisantes qu'elles puissent
devenir, il leur manquera toujours *quelque chose*, un inconnu qui échappe à l'analyse, un accent inappréciable et sans quoi

tout est comme s'il n'était pas, un certain
rien qui est tout. — A un autre point de
vue, le Japon et la Chine nous ont laissé
voir laquelle des facettes de l'unique diamant ils contemplent et nous avons ad-
miré, et vous dites que nous nous sommes enrichis. Encore une fois il ne saurait
s'agir ici que de quantité et non de qualité : mais même la quantité n'est point si
évidente. La Chine et le Japon, en nous
initiant à leur génie, l'ont perdu. Ils ont
fait avec nous un malheureux échange :
ils nous ont donné leurs meilleurs artistes
et pris les pires des nôtres. Ils ont perdu
Hokusaï et ils imitent M. Bouguereau !
Certes. nous avons gagné au troc : mais
eux ? On sent frissonner ici le mystère
d'une loi que les anthropologues devraient
bien préciser. La somme totale de la
richesse esthétique du monde ne varie pas,
puisque, pour qu'une race s'enrichisse, il
faut qu'une autre race soit ruinée, et le
comportement des choses étant analogue
dans le temps et dans l'espace, on peut

dire que le grand musée humain, le Louvre universel demeure sensiblement constant. Ne serait-ce pas là un reflet du caractère d'absolu de la notion de beauté? Constance de la quantité et de la qualité de l'expression esthétique. Les grands sculpteurs grecs, pour accomplir leurs œuvres admirables, devaient disposer de suffisants éléments d'éducation artistique, et, si le nombre des modèles pouvait élever le degré de l'idéal, il faudrait croire que nos musées ne sont pas plus abondants que ceux des grecs, puisque, certes, nous ne faisons pas mieux qu'eux. Voilà pour la quantité. Quant à la qualité nous demandons si la Vénus de Milo est plus belle que le Sphinx des pyramides, si la Joconde est plus belle que la Vénus de Milo, si n'importe lequel des artistes modernes a fait plus beau que la Joconde.

Voilà ce que répondent les poètes et je crois qu'ils ont bien raison. Ni l'idéal, ni le désir créateur n'ont de degrés. L'expression varie, seule, indéfiniment.

Le tort grave serait d'assimiler la vie entière aux conditions exceptionnelles de l'art. Le tort serait de ne pas voir que la Beauté, constante dans le degré, flottante dans l'expression, est l'assise incontestable et unique où l'humanité puisse trouver quelque point d'appui qui lui permette d'aller plus loin vers l'idéal moral et matériel de la vie.

La Vérité est le but de nos esprits : la vérité métaphysique et physique de la destinée de l'homme et des lois du monde. Qu'on le nie ou qu'on l'affirme, qu'on y pense ou qu'on tâche de s'en distraire, ce souci de savoir est au fond de toutes nos pensées et de tous nos sentiments. Nous nous hâtons de recueillir, comme le plus précieux des héritages, la somme des certitudes acquises par ceux qui vinrent avant nous, dans le secret espoir d'ajouter au trésor *ce qui lui manque...* qu'est-ce à dire?

Eh! oui, ce qui lui manque pour être le trésor de TOUTE la vérité.

Mais il suffit d'un peu de réflexion pour conclure, du fait même de cette particularisation et du caractère successif des conquêtes de la connaissance, que l'absolu de la vérité n'est pas une proie naturellement humaine. Car l'absolu ne saurait se décomposer et s'acquérir pièce à pièce, et ce quelque chose de sentant et de pensant dans la durée que je suis, ce quelque chose de successif, de composé, dont les diverses parties ne sont reliées que par les mystérieux phénomènes de la mémoire, n'est point en état de concevoir par soi-même l'absolu de la vérité.

C'est pourquoi, malgré le respect qu'il faut professer pour les savants, on ne peut se défendre d'un mélancolique sourire à les voir s'énorgueillir un peu puérilement de leurs découvertes. Ils ont fait à coup sûr de grandes choses. Il est beau d'avoir éludé l'espace, trompé le temps, reculé les frontières de la nuit.

Pourtant, ce ne sont là — en face des vrais problèmes de la vie et de la mort — qu'amusettes, ou, pour employer le mot expressif de Pascal, « distractions ». En réalité, le télégraphe et le téléphone, la bactériologie et la lumière électrique nous détournent des vraies, des seules préoccupations légitimes, qui sont celles-là dont l'infini est l'objet. Il importe assez peu, en définitive, que nous vivions quelques années de plus ou de moins, avec un peu plus ou un peu moins de plaisir ou de souffrance; ce qui importe, c'est d'accomplir notre destinée, c'est d'aimer et de penser, c'est de rendre un grand témoignage de notre humanité. Quant aux inventions pratiques de la mécanique et de l'industrie — quoiqu'elles soient des progrès réels si nous savons les employer vers le but suprême de la vie, lequel est hors de l'espace et du temps — elles ont eu le grand tort de donner aux passants trop de vanité et de pousser à toute outrance la vie individuelle.

Redoutables choses que les machines,
ces créations contre la création. Je les admire en tremblant. Elles relient dans l'espace les portions les plus lointaines de l'humanité, mais elles ont fait que deux voisins
sont devenus étrangers l'un à l'autre. On
parle chinois à Paris et anglais à Singa-
poor. L'idée de patrie commence à chance-
ler; le XXᵉ siècle la reléguera parmi les
préjugés caducs. C'est la vapeur et c'est
l'électricité qui ont fait cela. En supprimant
la distance, elles ont supprimé la constance
de la vie dans un lieu déterminé. Ni les
peuples, ni les individus n'ont plus de centre; les peuples parce que les toujours crois-
santes facilités des communications les ont
uniformisés, les individus parce que la
certitude de correspondre entre eux rapi-
dement à travers toute la terre a séché
les larmes des anciens adieux. Qu'im-
portent les bons hasards de la naissance,
les douces habitudes de l'existence commune? La vapeur nous sépare, mais l'é-
lectricité nous rapproche.

Il n'y a plus de centre pour le monde
politique, plus de lieu distinctif où se
tienne la balance de l'équilibre européen.
Ce lieu fut Rome, pour le monde romain,
puis pour le monde impérial et papal. Aujourd'hui Rome est une ville américaine
comme toutes les autres, avec une sorte
de vaste musée des antiques dont les
conquérants et les voyageurs ont em-
porté çà et là de précieux fragments.
Paris a cru prendre la succession romaine
et ç'a été le rêve de quelques années. Il
n'y a plus d'Europe, il n'y a plus de parties du monde : il n'y a plus que le monde,
un grand tout composé d'innombrables
individualités qui se coudoient sans même
s'entrevoir, inquiètes, agitées, et chacune
plus soucieuse des antipodes que des
toutes voisines existences. Encore un
coup, c'est la vapeur et c'est l'électricité
qui ont fait cela. Si Paris et New-York
sont deux villes plus semblables entre
elles que n'étaient Athènes et Sparte,
c'est qu'Athènes et Sparte étaient en réa-

lité plus distantes l'une de l'autre que ne
sont Paris et New-York. Et les individualités qui habitent ces villes modernes
identiques ont entre elles aussi subi cette
grande uniformisation. Nous pouvons le
constater en regardant autour de nous —
et c'est un mot que j'emprunte à M. de
Goncourt : « L'humanité s'en va des
choses », entendons : l'humanité personnelle. Nos maisons, nos habits et tous
les accessoires de la vie quotidienne ont
perdu le sens caractéristique. Sous de
spécieux prétextes d'hygiène, d'ordre et
de confort, surtout de célérité, nos villes
au cordeau sont devenues de monotones
habitacles. Au plus vite ! et nous sillon-
nons de routes carrossables jusqu'aux
jardins citadins, — ces derniers vestiges
d'une humanité moins fiévreuse, moins
avide que celle-ci et qui dérobait volontiers
à la folie de tuer le temps quelques pai-
sibles minutes pour s'asseoir en plein
soleil dans un lieu purifié par la respira-
tion des arbres. On ne s'asseoit plus

guère qu'en wagon, aujourd'hui. Et la vue
s'ennuie au long d'interminables avenues,
droites comme des colonnes de chiffres et
bordées d'hôtels qui seraient bien dispa-
rates s'ils n'avaient pour trait d'union un
égal mauvais goût. *C'est à croire qu'un
seul homme les habite tous!* Essayez de
distinguer la porte d'un savant de celle
d'un marchand! et tous deux se fournis-
sent chez le même tailleur qui les asservit
à la même mode! En sorte, comme le
disait avec l'accent délicieux qui lui était
propre, Théodore de Banville, en sorte que
« Grâce à l'égalité du luxe que nous avons
« tristement conquise, nous voilà reve-
· nus au temps du paradis terrestre où
« il n'y avait qu'un homme et qu'une
« femme : un veston en vaut un autre, et
« la première dame venue, honnête ou
« frivole, n'a pas plutôt dépensé trente
« billets de mille francs qu'elle est mise
« comme tout le monde et de façon à ne
« pas se faire remarquer. »
Or, cette identification de chacun avec

tous, ce souci unique de la jouissance immédiate et du confort, ce soin jaloux que nous avons de nous dissimuler les uns aux autres notre personnelle originalité afin, précisément, de ne pas troubler la jouissance individuelle de la vie, tous ces signes joints à la conception basse que la science vulgaire s'est faite de la vérité, ont compromis dans la plupart des esprits le sentiment juste de la civilisation, nous ramènent à un état de barbarie paisible, satisfaite, et, dans le mouvement perpétuel de la vapeur, à la lumière brutale de l'électricité, montreront bientôt à la nature épouvantée, sous nos chapeaux ridicules, la face cruellement béate du singe ancestral.

Je semble me contredire. — J'ai dit en commençant que l'évolution est la loi du monde, que la marche en avant ne s'est jamais interrompue, que tout se meut, que tout progresse : et voici que je déclare compromis le sentiment juste de la civilisation. C'est que l'évolution de la société

ne s'opère pas toujours d'ensemble, par
un grand mouvement général et évident.
J'ai parlé des heures troubles et des heures mornes de l'histoire, où ce sont tantôt les violents et tantôt les médiocres qui
paraissent triompher. Le monde oscille
entre ces deux instants de crise, qui re-
viennent périodiquement dans la suite
de son développement. Mais la marche
ascendante n'en est pas interrompue.
Toujours, vous disais-je encore, dans des
âmes clairsemées, mais fécondes, en quelque lieu de paix et d'étude, la pensée se
recueille, préparant les belles revanches
du lendemain. — C'est ainsi qu'à côté des
prétendus savants qui limitent la science
à des intérêts tangibles, il y a les vrais,
les purs savants qui n'ont d'autre désir
que de déchirer les voiles dont s'enveloppe la vérité. Ils font, à l'ordinaire,
moins de bruit que leurs pratiques
confrères. — Je parle dans une des villes
qui aient fait le plus pour la science
pure et vraie et qui compte, à cette heure

encore, le plus de savants dignes de ce
nom.

En eux se conserve le sens juste de la
civilisation : et quel est-il, sinon la conclu-
sion du syllogisme humain ? Nous repré-
sentons, peut-on dire, des prémisses qui
se cherchent ; ces prémisses sont nos facultés qu'il faut développer, conduire à
leur perfection — cela pour chacun des individus qui composent une société et, en
conséquence, pour l'individu universel qui
se concerte de toutes ces unités et qui ne
se comporte pas autrement, dans sa destinée immense, que chacune de ces unités
dans leur courte vie. Il est né, il mourra.
Mais c'est de l'infini qu'il vient, c'est à
l'infini qu'il va. « Générations après géné-
« rations, écrit admirablement Carlyle,
« l'humanité prend la forme d'un corps,
« et, s'élançant de la nuit cimmérienne,
« apparaît avec une mission du ciel. Puis
« l'envoyé céleste est rappelé, son vête-
« ment de terre tombe, et bientôt devient
« pour les sens une ombre évanouie.

« Ainsi, comme une artillerie céleste,
« pleine de foudroiements et des flammes,
« cette mystérieuse humanité flamboie en
« files grandioses, en successions rapides,
« à travers l'abîme inconnu. Ainsi, sortis
« du vide, nous nous hâtons orageusement
« à travers la terre, puis nous nous re-
« plongeons dans le vide. Mais d'où
« venons-nous, ô Dieu, où allons-nous ?
« Les sens ne répondent pas, la foi ne
« répond pas ; nous savons seulement que
« c'est d'un mystère à un autre mystère
« et de Dieu à Dieu. »

Cette mission de chaque société dans la
vie universelle, et de chaque homme dans
la vie sociale, c'est l'âme même du progrès, c'est le procédé, c'est la suite du
développement humain. C'est pourquoi le
sens certain de la civilisation est dans
l'affranchissement de chacun de la tyran-
nie de tous, tout en procurant à chacun
les bénéfices de la coopération totale. Et
n'est-ce pas vous, citoyens de la libre Con-
fédération, qui avez trouvé la formule

précise de cette grande solidarité où l'indépendance personnelle doit être sauve-
gardée :

Un pour tous, tous pour un !

Eh bien, rien n'est aussi éloigné de cet
idéal que la conception de la vie moderne
en général, conception d'après laquelle la
vie animale tend toujours davantage à
gouverner la vie raisonnable. Car est-ce
autre chose qu'une exaspération de la vie
animale, cette perpétuelle exagération des
appétits individuels, qui engendre la solitude de chaque unité dans l'énorme four-
milière et l'écrasement de tous par quelques-uns ?

Or, il faut le constater, cette exaltation
de l'égoïste souci de soi dans un but, non
pas de développement spirituel et moral,
mais de satisfaction immédiate, est ac-
compagnée d'un grand fait qui l'explique :
la ruine des religions précises... — J'entends ne blesser ici aucune conviction :

sur le présent j'exprime une opinion; sur
l'avenir, des désirs. Mais je sais qu'ici,
dans cette ville où la liberté est de tradition immémoriale, je puis librement parler...

La vraie comme la fausse science, Auguste Comte ou Herbert Spencer comme
tous les louis figuiers de la création, ont
propagé le scepticisme pratique dont est
saturée l'atmosphère actuelle. Transition,
plausiblement, entre la foi aux révélations
vieillies et l'indépendance intime qui sera
la condition spirituelle des temps futurs.
Car les savants n'ont détruit que dans le
but d'édifier. Il y aurait lieu de se demander s'ils n'ont pas imprudemment précipité
leurs efforts: « Je renverserai le temple et
je le rebâtirai... » Il y faudra plus de trois
jours! Où s'abritera l'humanité, en atten-
dant que les savants aient trouvé le terrain
solide où poser la pierre angulaire du
temple nouveau? N'ont-ils pas estimé trop
haut la masse des vivants, de cette douloureuse et désireuse multitude qui ne peut se

contenter de *chercher en gémissant,* qui a besoin de certitude toujours et quand même, et qui veut tout de suite un point fixe où se prendre? Mais, vaines questions! N'obéissons-nous pas tous à des impulsions mystérieuses et inévitables? Les corrosives analyses de la critique ont obéi à la même nécessité qui une à une descelle et pulvérise les pierres des basiliques. Il a fallu, pour déchirer les symboles anciens, que l'exégèse soufflât sur la poussière où ils étaient plus qu'à demi ensevelis dans les églises en ruines. Toutefois, comme il est difficile que des hommes sortent paisiblement, en bon ordre, chacun à son tour d'une maison qui va s'écrouler, ils se sont enfuis des églises ruineuses avec la triste unanimité d'un sauve-qui-peut. Ils se sont terriblement disséminés. C'est la loi! quand les idées perdent leurs forces de cohésion, les hommes perdent leurs facultés d'association. L'individualisme et le scepticisme grandissent parallèlement, également. L'Evangile est un mot de ralliement et d'union. Les hommes, depuis qu'ils oublient ce mot, errent dans le désert de leur âme et du monde, sans tous savoir qu'ils sont en quête d'une nouvelle tendresse raisonnée qui puisse les consoler des vieilles promesses trahies.

Observons-le : les révélations — je parle en général — ont ceci surtout d'essentiel et d'admirable, qu'elles concilient merveilleusement le caractère successif de l'esprit humain et le caractère absolu de la vérité : en supposant le problème résolu ! « La vérité, disent-elles à l'homme, tu ne saurais la trouver par tes propres forces, et c'est chose d'essence étrangère à ta nature, ô passager de l'espace et de la durée : pourtant, comme le fini a sa raison d'être dans l'infini et se fonde en lui, tu ne saurais vivre sans cette vérité, sans cette proie au-dessus de tes prises. La voici donc, invérifiable, indiscutable, totale, éternelle : crois et adore. » — Le malheur est que la raison, d'abord stupéfiée par la mortelle logique de ce syllogisme, s'éveille, à la longue, et s'étonne, quand tous les autres domaines lui appartiennent, que celui seul de la foi lui soit interdit. Et la raison s'étonne encore que ce soit elle-même qu'on invoque pour la convaincre de son impuissance et la réduire à l'abdication. Mais voilà qu'elle constate que les révélations sont multiples, — et très divergentes en ce qui constitue surtout leur part divine. Tout serait bien si jamais un chrétien n'était exposé à rencontrer un mahométan : hélas! les hommes ont réussi à franchir les montagnes et les mers. Voilà Jésus et Mahomet aux prises. Ah, si la raison n'avait pas été proscrite, elle pourrait utilement intervenir ici : et de fait elle intervient quelquefois, quelquefois le chrétien parvient à persuader le mahométan, — mais c'est illégal! et d'ailleurs exceptionnel. Bien plus souvent — l'histoire nous en est le douloureux témoin, — l'homme n'est resté que trop fidèle au principe divin : à la mortelle logique de la révélation il a obéi avec une épouvantable obéissance,

sans raison, c'est-à-dire déraisonnable-
ment, par la félonie et l'assassinat des
guerres de religions.

A travers ces tergiversations, toutefois,
des révélations, persiste un principe dont
l'unité subit des fluctuations harmonieuses
au développement de l'esprit humain et
qui a reçu des philosophes le nom de
Religion Naturelle. C'est la morale universelle : les principes du Décalogue, les
commandements de Dieu. Avec très peu
d'altération, Bouddha, Moïse et Jésus professent la même doctrine. En somme, c'est
une grande hygiène physique et spirituelle,
imposée à l'humanité au nom de la toute
puissance mystérieuse qui récompense
ou châtie. C'est, d'une manière en quelque
sorte sensible, le fini fondé sur l'infini, la
vie éternelle servant de sanction au
passage terrestre. Mais dès que la raison
se rend compte du but des commandements
et des prohibitions des révélations précises,
dès qu'elle voit que leur véritable sanction
est dans la vie actuelle, elle perçoit du même

coup qu'on l'avait leurrée (par pitié, par
bonté, par prudence) en lui imposant
l'espérance ou la crainte d'un bonheur ou
d'un malheur sans fin. Elle se reprend
alors, son orgueil proteste contre le peu
d'estime dont ces précautions témoi-
gnaient ; elle invoque la science accaparée
jadis par les prêtres conducteurs d'hommes
et déclare qu'elle en sait assez désormais
pour se diriger seule à travers les joies et
les douleurs de la vie.

Ce pas ne se franchit point si brusque-
ment. Les religions « révélées », paisiblement fondées sur leur divine certitude,
s'assoupissent au cours des âges ou se
dépravent sous l'action des vices humains.
Le pouvoir, auquel cette certitude sert de
fondement, s'exagère, dégénère en tyran-
nie, dépasse les limites du spirituel, se dé-
tourne de ses vraies voies, accapare les
biens temporels. Alors le dogme lui-même
s'altère, tombe en de folles débauches de
sensualité où la foi s'énerve, où le devoir
d'être heureux oublie son principe certain

et son orientation vers l'infini. C'est le
moment des grandes réformes, l'heure
où se dressent les Luther, dont l'action
est double. En divisant le monde religieux,
ils le reconstituent, — d'une part fondant
une doctrine plus grave, moins tendre et
moins humaine, mais peut-être mieux faite
pour satisfaire les besoins d'une pensée
plus spéculatrice, — et d'autre part obli-
geant à plus de sagesse et de prudence
l'ancienne foi : ils l'avaient reniée parce
qu'elle était devenue indigne et voilà
qu'elle se relève, se réforme elle-même
pour tenir tête au nouvel adversaire. Le
monde chrétien moderne est fondé sur
cet équilibre du catholicisme et du protes-
tantisme.

Mais enfin, et malgré tant d'efforts
dont le spectacle nous oblige à un respect
en effet religieux, ni l'un ni l'autre des
deux cultes ne satisfait pleinement tous
les besoins de la pensée et du sentiment.
Le plus austère des deux s'est privé des
charmes qui séduisent la tendresse humai-

ne et font que les portes de l'infini, en roulant sur leurs gonds à la parole du prêtre, semblent ruisseler de douces larmes et laissent luire au fond de l'inconnu qu'elles dévoilent un sourire de consolation. L'autre, au contraire, plus sensuel, risque de tomber dans l'excès d'une sorte de matérialisme mystique et répond mal au désir philosophique de l'instant moderne.

Il y a plus. Le fait entre tous caractéristique de toutes les religions dites révélées, jusqu'à ce siècle, c'est l'union profonde de la doctrine et de l'art. La Beauté est le visage humain de la Vérité. De nature, d'essence, l'Art est religieux. Aussi naît-il à l'ombre des révélations, les manifestant vivantes par son intime union avec elles et témoignant de leur mort en les quittant.

Il semble que nous soyons à l'heure où l'Art déserte les religions.

L'histoire de la religion chrétienne indique clairement cette concurrence ascendante, puis descendante de la Vérité et de la Beauté sous la double forme de la doctrine et du rite. Mais admirez la merveilleuse indifférence de l'art qui, fondé sur un principe immuable, sert successivement et également le paganisme et le christianisme, dérivant de l'un vers l'autre, sans démentir son passé et utilisant au service de l'un les conquêtes qu'il devait à l'autre. Il change seulement de caractère. Il avait chanté la joie de vivre : il célèbre la volupté de souffrir.

C'est Marie-Madeleine rencontrée par Jésus. Miraculeux symbole ! Elle riait, toute épanouie dans son insouciance et sa beauté, et voilà que le divin passant l'arrête, la regarde, lui dit deux paroles et la courtisane jette ses fleurs, s'agenouille et pleure. Elle pleure depuis dix-huit siècles. — Les deux existences de Marie-Madeleine, c'est la vie ancienne et c'est la vie moderne, toutes les Vénus heureuses et rieuses et puis toutes les Madones douloureuses. Mais elle rhythme sa pénitence harmonieusement comme elle rhythmait sa folie ; elle est aussi belle dans le désespoir que dans le plaisir : et même, elle ne saurait du tout se passer d'être belle.

C'est la religion et c'est l'art. Si la Beauté abandonne l'idéal religieux, c'est que celui-ci a cessé d'être vrai et l'art en le quittant lui dérobe ses plus précieux trésors.

On pourrait indiquer comment se fomenta, lentement, mais sans interruption, cette discorde durant les cinq derniers siècles, après l'épanouissement merveilleux du moyen-âge chrétien, pour éclater définitivement dans un violent divorce au lendemain de la Renaissance. Alors, avec une orgueilleuse bravoure, l'Art s'affranchit du culte : non pas du souci de la Vérité ! L'Art civil, dont nous trouverions peu de vestiges personnels et libres durant tout le moyen-âge, est né le même jour que le libre examen, le même jour que l'esprit philosophique et se développe parallèlement, concurremment avec lui.

Et ce procès est si naturel, si essentiel !
Sans doute, et nous l'avons vu hier, la
philosophie dans l'œuvre d'art doit rester
« incluse et latente ». Mais sans cette
« armature intellectuelle » qui se dissimule dans le poëme et en fait la secrète
et profonde vertu, il ne serait qu'agréable
et vain jeu d'imagination : la beauté est
le visage de la vérité, la vérité est l'âme
de la beauté. Aussi la philosophie est-elle
l'alliée nécessaire de la poésie, et quand
celle-ci, sous toutes ses formes, déserte le
culte, elle emporte avec elle le sens du
mystère qui était la principale force de la
doctrine révélée. La poésie se crée un
mysticisme à elle propre dans la contem-
plation des mystères naturels de la vie.

C'est à ce spectacle que nous assistons.
Voyez comme l'œuvre s'est fatalement
accomplie. La philosophie a pris à la religion chrétienne ses dogmes : l'art lui a
pris ses rites.

Deux noms, qui s'étonnent peut-être de
s'unir, exprimeront vivement ma pensée.

Renan qui personnifie toute l'inquié-
tude de ce siècle sceptique, et pourtant
avide de certitude, sans être le plus savant
des exégètes, a porté le coup le plus re-
doutable aux vieilles assises du christianisme en rendant Jésus à l'humanité :
c'est désormais l'Homme admirable, le prêtre et le martyr du plus haut idéal humain,
le rêveur d'absolu, notre gloire et notre
exemple, l'homme vraiment divin, — non
plus le Dieu fait homme. — Wagner a
pris aux catholiques la beauté de leurs
rites et surtout de la *messe* en écrivant
« *Parcifal* » : mais ce qui était dans
l'Eglise une expression adéquate se transforme chez le poète en pur symbole et
signifie tout le songe du présent et de
l'avenir de notre humanité.

Cette reconquête par l'homme, en de
tels symboles, des richesses que les religions s'étaient appropriées a augmenté
en lui le sentiment de sa dignité. Jésus
en reprenant sa place au sommet de la
montagne humaine n'a pas perdu sa

gloire, ni son sceptre, ni sa couronne. La croix demeure un signe vénérable, et même le sens du respect s'est réveillé en apercevant de plus près le mélancolique symbole qui joint les deux lignes doucement ascendantes de la lyre à l'attitude expansive de l'homme aux bras ouverts. Et telle est la vraie cause du grand mouvement actuel dans les arts, mouvement idéaliste ou mystique, tel qu'il nous plaira de le nommer. Voyez le rôle que la personnalité du Christ a repris dans la poésie sous toutes ses formes, depuis qu'on l'a rapproché de nous. — Voyez en musique les plus grands artistes s'inspirer avec prédilection de cette figure tendre et pensive en des chefs-d'œuvre comme « l'Enfance du Christ » de Berlioz, le « Parsifal » de Wagner, « les Béatitudes » de César Frank (pour ne citer que ceux-là). — Voyez en peinture : là le mouvement va jusqu'à l'excès, voire jusqu'à la caricature, et l'on ne peut plus compter les exemplaires de la peinture reli-

gieuse ramenée aux proportions humaines, qui fait la plus singulière caractéristique des salons annuels. — Voyez en
littérature, voyez même au théâtre. Je ne
parle pas de la valeur artistique ni même
de la sincérité des opéras et des drames
qui ont transporté sur la scène l'histoire
de la Passion et les vieux mystères chrétiens : j'insiste seulement sur le sens du
fait en lui-même. A Paris, l'an dernier,
dans les grands et les petits théâtres,
c'est à la douzaine qu'il faut compter les
tentatives de ce genre.

Et, plus encore que ces orientations précises de l'inspiration des poètes, vous no-
terez le fiévreux, l'ardent désir de savoir
le mot de la destinée, qui signale notre
poésie la plus moderne. Ce qu'il y a de
plus nouveau en elle, c'est la passion métaphysique qui l'a transfigurée : elle a
reconquis le rêve de l'infini. Il y a
quelques quinze ans Banville l'observait
déjà : « Ce n'est plus un duel courtois,
« c'est un combat sérieux que le poète

« doit soutenir contre l'Isis éternelle; il ne
« veut plus seulement soulever ses voiles,
« il veut les déchirer, les anéantir à jamais,
« et, privé de ses dieux évanouis, possé-
« der du moins l'immuable nature : car
« il sent que les dieux renaîtront d'elle
« et de nouveau peupleront les solitudes
« du vaste azur et les jardins mystérieux
« où fleurissent les étoiles. »

Ainsi l'art et la science restent en pré-
sence et à eux deux se proposent de rendre à l'humanité tous les biens dont les
religions mortes l'ont déshéritée. Mais,
disions-nous, la science ne dispose pas de
la vérité absolue qui seule peut combler
la soif de voir et de savoir dont nos âmes
sont brûlées. La science fait son devoir,
mais sa marche est lente, souvent mal
assurée. Il lui faut corriger bien des
erreurs, revenir sur ses pas, souvent
même changer de route. Pis encore, il
lui arrive de s'enliser dans de vils soucis
de réalisations immédiates. Pis encore!
parfois elle se sépare imprudemment de

son allié naturel, l'Art, et affecte pour
la Beauté un dangereux dédain. Ou
bien au contraire elle envahit le domaine
plastique, hérisse le style écrit de termes
arides et qui ne font pas image, encombre
la peinture et la musique de théories ré-
putées infaillibles, de procédés qui sup-
priment l'émotion et l'instinct et préten-
dent mettre l'artiste à même de produire
à coup sûr des œuvres irréprochables.
Autrefois, c'est l'art qui faisait intrusion
dans l'empire scientifique : la science
prend aujourd'hui sa revanche.

Mais ces luttes sont stériles, l'avenir de
la vie spirituelle est dans l'harmonie des
deux suprêmes forces du monde humain.
Ce que l'art fut sous la forme asservie du
rite pour les religions, il le sera pour la
science — j'entends la vraie science, celle
dont les regards s'adressent hors des apparences — sous la forme plus pure de l'art
libre, à la seule condition que la science,
cette ligne évoluant autour de l'axe idéal du
monde, respecte dans l'art le double pôle

stable, invariable et constant des désirs
et des satisfactions de l'humanité dans sa
sensibilité spirituelle et physique.

Alors se confirmera dans toutes les
consciences le sens définitif de notre
dignité, et l'homme trouvera dans l'ac-
complissement de sa nature, dans la
perfection de ses facultés individuelles
et sociales, la joie religieuse dont les
cultes anciens n'offraient que des figu-
res. Cette religion, à laquelle l'avenir
donnera un nom significatif, sera, au
fond, *le culte de l'humanité*. On reviendra
sur les concessions jadis faites et qui le
furent injustement : la conscience et l'intelligence, l'imagination et la sensibilité,
échappant aux théologies, redeviendront
définitivement humaines : *à la charité nous
substituerons l'amour*. Cette religion, tout
l'annonce : les penchants mystiques des
savants les plus sévères, même de ceux
qui, comme M. Berthelot, déclarent un
jour *qu'il n'y a plus de mystères* et un
autre jour affirment que les rêveurs du

moyen âge ont connu des secrets aujour-
d'hui perdus, — même de ceux qui,
comme Auguste Comte, professent, toute
leur vie durant, que l'ère métaphysique du
monde est close et finissent en fondant
une religion toute voisine de celle que
nous désirons et qui repose sur la vénération des grands types humains.

Le signe le plus certain de cet avènement
que notre espérance voudrait voir tout
proche, c'est l'attitude grave des poètes et
des artistes de l'heure présente. Ils pres-
sentent quelle responsabilité leur incombe
et qu'ils auront à célébrer les rites du
culte nouveau. S'ils ont, les premiers,
déserté l'autel croulant, c'était pour suivre
la vérité, enfuie avant eux. Dans le plein
air de leur audace affranchie, dans la fo-
rêt gothique du temple sans toit qui va
s'ouvrir, ils continuent à contempler ces
étoiles toujours géminées : *le beau et le
vrai*.

Résumons-nous.

La Beauté, par son caractère de constance, peut seule servir d'assise solide au progrès humain. Mais elle a besoin de se sentir unie à la Vérité : et voilà que celle-ci perd les vieilles certitudes des religions précises! Ce grand changement a jeté le monde dans un désarroi dont nous sommes les témoins et les victimes. L'art s'efforce de recréer un mysticisme sauveur en scrutant les secrets de la nature : d'instinct il appelle au secours vers ceux qui, de leur côté, cherchent le vrai, vers les philosophes et les savants. Mais ceux-ci manquent eux-mêmes d'assurance totale, expliquent le *comment* des choses, avouent qu'ils ignorent le *pourquoi*. Quand auront-ils achevé la conquête de l'Infini ? L'humanité ne peut attendre ! Elle a besoin d'affirmations : qui les lui donnera ?

— Le salut est dans la main du Poète, cette main qui seule compte les pulsations et charme les douleurs du cœur universel, — pourvu qu'elle tombe franchement

et demeure pour toujours dans la main
du Savant.

. .

Le jour désirable est encore lointain, et
du moins pour l'atteindre, que de progrès
il faut supposer accomplis! L'atmosphère
actuelle du monde n'est point celle où
puisse se lever une telle aurore. On en-
trevoit mal, dans la société telle que la
constitue l'éducation moderne, que la
juste part soit faite aux deux naturels
conducteurs du monde, le poète et le savant.

Encore, celui-ci a-t-il pour lui cette excuse (qui, dans le vrai, plutôt le condam-
nerait) que ses recherches conduisent à
des applications, à des utilisations sensibles, matérielles, industrielles. Ces inventions qu'il sème dans son chemin
vers l'absolu lui méritent l'estime des
passants. Mais le Poète ! — Pourtant il
détient la sécurité du monde.

Ce rôle d'élément d'équilibre par la dispensation de la consolation, qui fut le rôle du rite, ce sera le rôle de l'art par la dispensation de la joie. Il intéresse le sentiment, cette force qui, non satisfaite, se répand en violence et déprave en révolution le progrès qu'on peut espérer voir s'accomplir par la suite logique de l'évolution humaine, pourvu que tous les éléments du composé humain soient contentés et celui-là surtout, dis-je, le plus ardent, le plus insatiable de tous, le sentiment. Voilà comment j'ai pu logiquement affirmer que la beauté est l'assise unique où l'humanité trouve quelque point d'appui qui lui permette d'aller plus loin vers l'idéal moral et matériel de la vie.

Est-ce à dire que le poète, dans la société rêvée, prendra, *au propre*, les guides et conduira le monde?

Comme auparavant et comme toujours, sa principale fonction sera de créer. C'est son devoir éternel. La tête de lumière

qu'est un artiste n'a pas le droit des ténè-
bres. La gloire n'est pas une récompense
égoïste : c'est la condition sans laquelle
le génie resterait stérile. L'artiste n'a pas
plus le droit de se refuser à la gloire que
le chrétien n'a le droit de se damner. Le
chef-d'œuvre a deux sens : il est d'abord
le plus haut témoignage que nous puis-
sions rendre de notre humanité. Il est
ensuite le plus fécond des enseignements.
« Là où il y a une idée de l'homme, écrit
« M. Taine, il y a un idéal de l'homme. »
Or, on n'agite point en vain le monde des
idées. Proposer aux vivants un idéal de la
vie c'est produire, si c'est le génie qui
parle, dans toute la psychologie générale
une grande commotion qui sert d'impulsion à l'évolution du monde. Un peintre,
du fond de son atelier, peut, en quelques
coups de pinceau, bouleverser les âmes,
leur donner de nouveaux désirs et préci-
piter le rêve de la perfection.

Toutefois, l'accent religieux de l'art, tel
que nous l'entendons, oblige le poète à

des fonctions en quelque sorte sacerdo-
tales. L'église changera de lieu : ce sera
le théâtre. Là, le prêtre deviendra l'ordon-
nateur de pures fêtes. — Nous sentons bien
quelle énorme besogne ce sera, celle de
préparer le théâtre à tant d'honneur : en
vérité, les écuries d'Augias... Et pourtant il suffit d'adresser nos regards vers
cette noble église de Bayreuth pour comprendre que notre rêve n'est point irréa-
lisable et que d'autres y ont pensé.

Mais surtout, surtout l'important sera
de préparer à cette conception de l'art sou-
verain les générations dépravées par de
longues et funestes routines. Le seul salut c'est l'éducation et je crois bien que
là, tout est à faire. Les universités, enli-
sées dans d'immémoriales traditions, continuent, par la seule impulsion de la force
acquise, à enseigner la jeunesse selon
des doctrines et des programmes bâtards
et dans un but de sanction immédiate qui
bannit fatalement des jeunes esprits le
sens réel de la vérité. Quoi de plus irra-

tionnel, par exemple, que de commencer par éblouir l'âme des enfants de notions purement abstraites ? Pourtant, alors que toute méthode scientifique procède du connu à l'inconnu, c'est dans l'inconnaissable qu'on jette l'esprit à peine entr'ouvert en lui faisant bégayer le nom de Dieu !

Ce n'est pas d'hier que cette funeste anomalie choque les vrais éducateurs et dans tous les ordres de l'esprit le besoin d'une réforme trouve des apôtres. En France, un noble savant, M. Elisée Reclus, ici-même, à Genève, un grand artiste, M. Barthélemy Menn, se sont rencontrés dans le désir de fonder l'enseignement sur les principes rationnels d'une métaphysique concrète qui permette aux jeunes hommes de concevoir et de comprendre l'ensemble de la vie avant que sonne l'heure d'y faire leur choix définitif. J'ajoute que votre compatriote, en mettant la notion de beauté au sommet de l'échelle spirituelle, en disposant logiquement les âmes à recevoir l'enseignement qui

leur permettra de comprendre d'une façon générale cette notion, concourt mieux
que tout autre à créer l'atmosphère désirable où l'art se produira librement et trouvera naturellement un large public.

Tout près de vous, à Lucerne, le con-
grès qui vient d'arrêter les bases d'une
université libre, n'est-ce pas un grand
signe? Des esprits éminents se sont ac-
cordés sur le principe d'une humanité
divine telle que la représente la sublime
figure de Jésus, dégagée des oiseuses dis-
putes sur le point de savoir s'il fut Dieu.
Ainsi les vérités qu'obscurcit la décadence
de Rome, les vérités du dogme chrétien
en suffisante correspondance avec les dogmes bouddhiques, viendront fortifier la
doctrine d'une Religion catholique de
l'Humanité, quand le temps aura fait son
œuvre bienfaisante, quand l'enseignement
reconstitué aura préparé des générations
capables de concevoir l'idéal humain et
de l'aimer pour sa pure vérité.

Alors, dans cette sublime solidarité d'un monde où chacun aura sa tâche, où chaque acte de la vie s'harmonisera dans l'universelle collaboration, la nécessité même de la mort deviendra douce, et nous n'aurons plus rien à regretter des promesses d'une doctrine révélée. On comprendra enfin que l'homme n'échappe aux apparences qu'à l'heure où sa perfection ne peut être poussée plus loin dans l'état actuel de ses relations avec le monde. *La mort apparaîtra comme une récompense qu'il faut mériter*, comme un retour aux origines naturelles, comme un repos désirable qu'on n'aurait pas le droit d'usurper prématurément sans pécher contre l'humanité sacrée, mais qu'il faut saluer avec joie au terme du chemin.

La mort, c'est l'infini lumineux qui s'ouvre pour nous ressaisir, et la vie n'est qu'une perpétuelle marche vers cet abîme de lumière. Plus nous approchons de la lumière et plus notre ombre grandit derrière nous et la plupart estiment que cette ombre est la réalité de notre vie. Mais enfin nous atteignons le but, la lumière nous absorbe : pourquoi nous plaindrions-nous ? parce que notre ombre s'est effacée?

Un poète a exprimé cette idée dans un poème, qu'il va vous dire en signe d'adieu.

La Nature s'irrite autour de mes pensées,
Autour du solitaire espoir de mon orgueil :
Comme l'océan bat de ses vagues pressées
Le pied perpétuel d'un phare ou d'un écueil,
La Nature s'irrite autour de mes pensées.

Mais je t'enchanterai de tant belles chansons,
Jalouse qui fais la dédaigneuse, ô Nature,
Tant ! que battront enfin nos cœurs à l'unisson,
Le jour, le nuptial jour, maîtresse future,
Où tu m'endormiras dans ton divin frisson.

Jusqu'alors mes orgueils ne feront jamais trève !
Ah, jusqu'alors, écueil ou phare, on pourra voir
Dans la fureur du ciel mon Rêve qui s'élève
Et défie les assauts de l'aurore et du soir.
Jusqu'alors mes orgueils ne feront jamais trève.

Et quand viendra l'instant que j'ai tant convoité,
Mes vœux en fleur, épanouis comme un vertige
De feu qui meurt et s'éblouit de sa clarté,
Se rembelliront dans un suprême prodige
De par la joie d'être à l'heure d'avoir été !

Descends alors sur l'œuvre bonne, ô Mort aimée,
Mort amoureuse, avec le soir religieux,
Et désigne au regard des pasteurs d'Idumée
L'étoile du phare ou l'écueil prestigieux :
Descends alors sur l'œuvre bonne, ô Mort aimée.

Car nul n'a mieux que moi mérité votre amour,
Déesses au seul cœur, Nature et Mort jumelles.
Car nul n'a plus que moi désiré le saint jour
Où vous nous donnerez enfin l'ordre fidèle,
Mort et Nature originelles, du Retour.

IMPRIMERIE SUISSE, 6, RUE DU COMMERCE, GENÈVE